KB150025

유쾌한 노자,
현대인과 소통하다

老子一百句

作者: 汪涌豪

copyright @ 2007 by 復旦大學出版社

All rights reserved.

Korean Translation Copyright@2011 by Basic Books

Korean edition is published by arrangement with 復旦大學出版社

through EntersKorea Co., Ltd. Seoul.

유쾌한 노자,
현대인과 소통하다

왕융하오 해설 | 이성희 옮김

베이직북스

프롤로그

무릇 경전이란 장중하며 위대한 작품임에 틀림없다. 그러나 평범한 생활 속에서 깊은 인상을 남길 수 있는 책이란 문학연구자들이 백발이 되도록 뜻도 밝혀내지 못한 원전이 아니라, 《당시300수唐詩三百首》나 《고문관지古文觀止》처럼 복잡한 내용은 적당히 삭제하고 해설을 첨가한 발췌본일 것이다. 발췌본은 일상생활에 쫓기는 현대인들의 시간을 크게 절약해 줄 수 있다. 출퇴근 시간이나 식사 후 쉬는 시간에도 짬짬이 우리를 깊고 심오한 독서의 세계로 인도해주기 때문이다. 발췌자가 사금싸라기 걸러내듯 정수 중의 정수만을 모아 현대에 필요한 내용을 간추리면 경전은 다시 한 번 농축 정련된다.

많은 현대인은 종종 일상생활에서 탈출할 기회를 찾지 못해 답답해한다. 이런 우리에게 정선된 '100구절' '300구절' 등 발췌 소책자는 영혼의 패스트푸드가 되어줄 수 있다. 물론 사람들은 '패스트푸드'라는 말을 그리 달갑게 여기지 않을 것이다. 하지만, 상다리가 부러지게 차린 산해진미를 음미할 만한 여유가 없다면 패스트푸드도 체력과 정신을 보충해 줄 수 있는 좋은 대용식이 될 수 있다.

최근, 툭하면 '경전'의 명언으로 이야기를 꺼내는 것이 중국사회의 일대 유행이 되었으며, '전통'의 힘을 빌려 전국적인 스타로 떠오른 사람도 여럿이 있다. 그러나 나는 이런 현상들에 대해 시종일관 어떤 주관을 가지고 있는데, 이 자리를 빌려 한 번 이야기해보려 한다.

첫 번째 생각은, 절대 '경전'이라는 이 두 글자를 너무 편협하게 이해하지 말라는 것이다. 어떤 이는 '경전'이란 말만 들어도 머릿속에 유가의 '사서'와 '오경'을 저절로 떠올린다. 중국의 전통을 '유가儒家'와 동일시하고, 경전을 '유교의 경전'으로 오해한 까닭이다.

한편, 어떤 사람은 노자老子나 장자莊子는 경전에 포함해도 된다고 생각한다. 그러나 전자보다는 조금 여유가 있는 듯하지만, 여전히 편협한 범주를 벗어나지 못하고 있다. 경전의 레퍼토리만 조금 바꾸어 '도가道家'에도 경전의 자격을 부여했을 뿐, 아무리 넓게 생각한다 해도 사상가들이 주장하는 '유선儒仙사상이 결합한 고대 사상계'라는 단순명제밖에는 만족하게 해 줄 수 없다.

나는 불교, 도교 및 시詩, 사詞, 가歌, 부賦[중국 고대 문체로 한위육조漢魏六朝 시대에 성행되었고, 운문과 산문의 혼합형식], 희곡 중 수천 년의 연단과 검증을 거쳐 대중에게 그 진가를 인정받은 작품이 있다면, 그 글에 '경전'이란 이름을 부여해도 전혀 상관없다고 생각한다. 사실 툭 터놓고 이야기하자면, 《시경詩經》 중 지난 2천여 년 동안 경전으로 받들어졌던 이 '풍風[《시경》 중 민요부분을 이르는 말]' 역시 창작 당시에는 백성의 민요요 유행가였을 뿐이다. 반면, 당나라 시대의 시, 송나라 시대의 사, 원나라 시대의 잡극雜劇과 산곡散曲도 사람들의 입에 오르내린 지 천여 년이 되었는데, 이들은 '경전'이라고 부르기에는 뭔가 부족하다고 할 수 있을까?

나의 두 번째 생각은 경전의 연구가 물론 문화의 기억을 더듬는 것이요, 역사전통을 계승하는 것이긴 하지만 전통의 핵심적인 의의는 여전히 '전傳함'에 있다는 것이다. '전함'이란 자신의 자원을 발굴해 새로운 해석을 더하고 현재 우리의 문명으로 재건해내는 행위를 말한다. 이미 작고한 미국의 역사가 벤저민 슈워츠Benjamin I. Schwartz 교수 역시 이런 아쉬움을 내비쳤다.

"세계에 현존하는 고대 문명국들은 모두 '자신의 전통을 고수하는 민족주의'를 주장하고 있지만, 유구한 역사를 가진 중국에서만 유독 '자신의 전통을 반대하는 민족주의'가 유행하고 있다. 5·4운동 이래 지금까지 이 반대의 움직임을 멈춘 적이 없다."

사실 이 점은 아주 쉽게 이해할 수 있다. 중국은 유구한 전통을 가지고 아시아의 중앙을 제패한 제국이었기에, 서방세계와의 격렬한 충격 속에서 자신의 자부심과 긍지가 전복되자 중심을 잃어버리면서 옛것을 버리고 새것을 받아들이려는 강렬한 충동이 일어난 것이다. 마치 그림자와 달리기하는 사람이 그림자를 벗어나려고 사력을 다해 달리는 것과 같은 이치다. 이때 사람은 긴장과 초조함에 어쩔 줄 몰라 한다. 긴장은 여유와 대범함을 잃어버리게 하며 초조함은 교양과 질서를 생각할 여유를 잃게 한다. 옛것을 버리고 새것을 받아들이려는 사람에게 문화, 역사와 경전은 모두 최첨단 패션의류로 전락해버렸다. 자신감이 부족한 사람은 옷장의 옷을 죄다 입어 봐도 어울리는 옷이라곤 한 벌도 없는 듯 여겨 결국 전부 벗어버리게 된다. 이런 이에게는 쉼과 여유가 있을 수 없다.

어떤 학설에 의하면, 문명은 군집사회에서 사람들이 어떤 질서에 따라 행동하는 것이라고 한다. 이 문명 속에서 '자유'라는 것 역시 내가 있다면 다른 사람이 있고 권리가 있다면 의무가 존재함을 뜻한다. 질서는 일종의 한계가 되기 때문이다. 그래서 리듬에 맞춰 춤을 추듯 발전규칙을 지켜야지, 질서를 무시한 행위, 근시안적인 행위는 모두 비문명적인 것이요, 품격을 상실한 것이 된다. 무엇이 품격일까? 어떻게 하면 품격을 갖출 수 있을까? 그 한 가지 해답이 바로 경전을 많이 읽고 전통을 많이 접촉하는 것이다. 마음속에 몇 천 년의 저력을 간직하고 뱃속에 유익한 책들을 소화하고 있다면 우리는 훨씬 더 자신감을 느끼게 되고, 이 자신감은 여유를 가져다줄 것이다.

'전통'은 살아있는 것이지 죽은 것이 아니다. 제로슬라브 펠리컨Jaroslav Peliken의 《전통의 옹호 The Vindication of Tradition》에서는 "전통은 죽은 자의 살아있는 신념이지만, 전통주의는 살아있는 자의 죽은 신념이다."라고 말하고 있다. 폐부를 찌르는 말이다. 우리는 전통을 떠나서는 절대 새로운 길을 개척할 수 없기에 '역사를 무

無로 돌리려는 환상'은 전혀 현실적이지 않다. 그러나 과거를 돌이켜보면, 이 '신념'을 고집스레 지키려는 생각도 자연히 사라지게 된다. 나는 현재의 언어 환경 속에서 새롭게 경전을 읽는 것이 어쩌면 전통을 창조적으로 해석하는 새로운 방법이 될 것이라고 여기고 있다.

'해석'이라는 이 두 글자가 상당히 무겁게 여겨지는 것은 사실이다. '해석'이란 본문의 옛 뜻을 벗어나지 않는 한도 안에서 경전의 새로운 가치를 밝혀낸다는 것이며, 옛것과 새것이 함께 공존하는 가운데서 경전을 전수하고 전통을 계승한다는 것을 의미한다. 그러므로 '경전을 어떻게 새롭게 해석하느냐? 어떻게 현실 생활과 공감대를 형성하느냐?'라는 크나큰 문제가 된다. 이 책을 함께 저술한 작가 여럿은 나보다 연하인 학계의 동료들이지만 진정한 전문가라고 할 수 있다. 그들이 설령 오늘날의 해석자들처럼 상당한 지식을 가지고 '경전'이라는 최신 유행의상을 만들어 내는 것은 아니라고 하더라도, 경전이란 재료를 가지고 원전의 신선한 맛을 살리면서도 창조적인 정신을 소유한 맛좋은 요리를 만들어 낼 수 있으리라고 나는 굳게 믿는다.

어떤 이는 한 시대에는 방대한 지식을 소유하고, 자신의 전통을 깊이 신뢰하며 세계를 담담하게 직시할 수 있는 일단의 지성인들이 필요하다고 말한다. 그들로 경전과 전통을 재해석하고 이 시대의 지식과 사상에 새로운 트렌드와 즐거움을 더해주도록 말이다. 그렇게 할 때만이 그들이 기꺼이 믿는 전통, 그들이 존중하는 경전, 그들이 해석하는 세계의 언어와 어휘, 그들의 질서감과 교양, 심지어 그들의 옷차림, 말투, 흥미, 애호가 어우러져 이 시대의 깊이 있고 보편적인 문명이 탄생할 수 있기 때문이다.

나는 그렇게 믿고 있다.

2011년 1월 13일
상하이 푸단復旦대학에서

목차

10

1부

하늘의 도

유쾌한 노자,
현대인과 소통하다

❧ 현묘함의 의미 ❧

도라고 부를 수 있는 도는 영원한 도가 아니다.

道可道, 非常道

도[道: Tao, 동양철학 중 유가儒家에서는 '올바른 길, 하늘의 도리'를 나타내는 도덕적 인간관계로 국한하였으나 도가道家에서는 인간의 영역을 초월한 형이상학적 의미로 인식하였음]가 유, 무와 함께 만날 때, 이를 '현묘함玄'이라 한다. 이것이 《노자老子》 5천 자가 설명하는 핵심이다. '현玄'의 본래 뜻은 어두운 검은 색을 말한다. 대자연 속에서 저 멀리, 그 끝을 알 수 없도록 아득한 것들은 모두 어둡고 검은 색, 혹은 그에 가까운 색을 나타내고 있다. 예를 들어 아득히 먼 하늘이나 바다, 강 등이 그러하다. 그러므로 노자는 이 색채를 통해 위대한 도란 꿰뚫어 볼 수 없으며 분별할 수 없는 깊은 심오함과 아득함임을 설명한다.

노자는 '골짜기谷'나 '모성(牝, 암컷: 어머니)'을 들어 도를 비유할 때에도, 모두 '아득한 어둠'이란 특징을 부각시켰다. 그래서 "밝음이 무엇인지 알지만 어두움에 거하며 천하의 광활한 골짜기가 된다. 知其白, 守其辱, 爲天下谷(28장) "골짜기의 신은 영원불멸하며, 오묘한 모성이다. 谷神不死, 是謂玄牝(6장)"라는 말도 나오게 된 것이다.

이런 깊은 의미가 담겨 있기에, '현'은 일반적으로 '현묘함'이라고 해석한다. 노자는 사람이란 언제 어디서나 이 '현묘함'을 체득할 수 있어야 한다고 말한다. 즉, 이 오묘함을 실제 체험으로 이해해야 하며, 도는 천하 만물의 근원으로서 만물 가운데 내재하고 만물을 안정시키는 속성이 있음을 깨달아야 한다는 것이다. 노자는 이 속성을 '덕德'이라고 했다. 그래서 그는 "도는 만물을 낳았고, 덕은 만물을 길러냈다."라고 말하는 것이다. 도와 덕이 있은 후에야 만물은 각자 다채로운 형태를 드러내고, 각자의 환경에 순응하게 된다.

노자는 특별히, 만물을 길러냈지만, 그 공을 내세우지 않는 도의 미덕을 칭송했다. "만물을 낳고 길렀으나 자신의 소유로 삼지 않고, 자기 능력으로 흥성케 했으나 그 능력을 자랑하지 않으며, 자신이 주재했으나 제 맘대로 주관하려 들지 않는다." 도는 자신의 능력을 자랑하지 않고, 제 맘대로 주관하려 하지 않으며, 만물을 자신의 소유로 삼으려 하지 않는다. 그는 이런 덕을 '현덕玄德'이라 했다. 지극히 오묘하고 심원한 덕이기 때문이다. 그래서 이런 말도 했다.

"현묘한 덕은 지극히 깊어서 측량할 길이 없고 아득히 넓어서

끝 간 데가 없으며, 천하 만물과 함께 애초의 순박함과 본성으로 돌아간다. 玄德深矣遠矣, 與物反矣" 애초의 순박함과 본성이란 만물의 본질을 일컫는다. 그가 생각하는 본질로의 회귀는 '지극한 순응大順'의 경지, 즉 자연의 경지에 이르는 것(65장)이었다.

"만물을 낳고 길렀으나 자신의 소유로 삼지 않고, 자기 능력으로 흥성케 했으나 그 능력을 자랑하지 않으며, 자신이 주재했으나 제 맘대로 주관하려 들지 않는다."

《여씨춘추呂氏春秋》의 작자는 이 구절에서 노자의 '귀공(貴公, 공정을 귀하게 여김)'사상을 찾아냈다. 그는 《여씨춘추》를 통해 짧지만, 의미 있는 일화 하나를 소개한다.

형荊나라에 사는 어떤 이가 활 하나를 잃어버렸는데 전혀 찾을 생각을 하지 않았다. 사람들이 그 이유를 물으니 "형나라 사람이 잃어버렸으니 형나라 사람이 줍겠지요. 어차피 같은 형나라 사람인데 굳이 찾을 필요가 있겠습니까?"
이 이야기를 전해들은 공자는 이 말을 이리저리 음미하다가, 내심 아쉬움을 느꼈다. "이 말에서 '형나라'란 말만 없으면 딱 좋겠군."
한편, 공자의 반응을 전해들은 노자는 이런 말을 했다고 한다. "공자의 말에서 '사람'이란 말만 없으면 더 좋겠군, 그려."

노자가 공자랑 말장난하자는 걸까? 물론 아니다. 공자는 형나라 사람의 말을 바로잡으려 했다. 그가 나라와 나라 간의 차이에 집착한다고 생각했기 때문이었다. 그러나 노자는 공자의 말을 재차 바로잡았다. 공자가 나와 사물의 차이에 집착한다고 여겼기 때문이었다.

《여씨춘추》의 작자가 헤아린 것처럼, 노자는 이렇게 말하고 싶었던 것이다.

"천지의 위대함이여, 사람을 낳았으나 사람을 자식으로 삼지 않고 만물을 이루었으나 그 공을 자랑하지 않도다. 만물은 모두 그로 말미암아 은혜를 입고 이익을 얻었지만, 그 모든 것이 어디에서부터 시작하는지 알지 못하는구나. 天地大矣, 生而弗子, 成而弗有, 万物皆被其澤, 得其利, 而莫知其所由始"

천지의 도가 이러한데, 사람만 꼭 이익을 얻어야 한다는 법이 있을까? 도는 소유도, 의지도, 주재도 하려 들지 않는다. 그런데 사람은 왜 이 도를 깨달아 행하지 못하고 자신의 이해득실에만 연연하는 걸까?

노자는 '현묘한 덕'을 추앙했을 뿐 아니라 사물을 관찰할 때는 "마음의 거울을 말끔히 닦으라. 滌除玄覽(10장)"고 주장했다. '현람玄覽'은 '마음의 거울'이란 뜻이기에, 앞의 말은 마음속 깊은 곳으로 들어가 마음이라는 형이상학적인 거울로 마음의 빛을 비추고 사물을 철저히 조명하는 직관적이고 신비한 인지방식을 가지라는 뜻이다.

《회남자淮南子》수무편修務篇의 말을 빌자면, "마음에 맑은 거울을 가지고, 사물의 옳고 그름을 비추라. 執玄鑑於心, 照物明白"

는 것이다. 노자는 이런 방식으로 만물을 관찰하고 식별해야만 흠이 없고, 진정한 도에 가까워질 수 있다고 믿었다. 어떤 이가 만약 도에 가까워졌다면, 그는 바로 '정미(精微, 정밀하고 세밀함)하고 심오한 도에 통달했으나 깊이 감춰져 드러나지 않는 微妙玄通, 深不可識(15장)' 능력을 갖춘 셈이다.

여기서 '깊이 감춰져 드러나지 않는다'는 말은 마음속에 간교한 음모를 깊이 숨기고도 겉으로 드러내지 않는다는 뜻이 아니다. 오히려 그와는 정반대로, 거동과 심보가 추악해 사리사욕을 구하는 데 급급한 사람은 한눈에 인격의 바닥을 드러내지만, 도를 깨달은 사람은 그와 같지 않다는 뜻이다. 그는 깨끗하고 욕심이 없는 마음을 가지고 있으며, 깊이 있고 차분하며, 황금 보기를 돌같이 하고 귀천을 중히 여기지 않는다.

사물과 함께 하나가 되지만 자기의 흔적조차 남기지 않고 온전한 하나가 된다. 얕은 안목을 가진 사람은 당연히 단번에 꿰뚫어볼 수 없고, 보통 사람이라도 완전히 알기 어려운 것이 바로 '현묘한 하나됨 玄同(56장)'이다. 노자는 이런 마음의 경지를 매우 숭상했다.

도의 별칭인 '현묘함'은 형상이 없음에도 이름을 가진다. '현묘한 덕玄德'은 얻기 어렵고 '현묘한 거울玄鑑'은 가지기 어려우며, '현묘한 하나됨'은 이루기 쉽지 않다. 그러나 바로 그러하기에, 인류는 이 도를 찾아 헤매었고, 노자 또한 온 열정을 다해 추구했던 것이다.

道可道, 非常道; 名可名, 非常名.

無, 名天地之始; 有, 名萬物之母.

故常無, 欲以觀其妙; 常有, 欲以觀其徼.

此兩者, 同出而異名, 同謂之玄, 玄之又玄, 衆妙之門. (1章)

故道生之, 德畜之; 長之育之; 亭之毒之; 養之覆之.

生而不有, 爲而不恃, 長而不宰, 是爲"玄德". (51章)

【주석】

- 常　마왕퇴馬王堆 한묘백서漢墓帛書(1973년 중국 장사長沙 마왕퇴馬王堆 3호 한묘
  漢墓에서 출토된 백서들의 내용을 정리하고 주를 덧붙여 편찬한 책)《노자》갑,
  을 본에서는 모두 '항恒'을 사용한다. '常道'란 천지에 운행하는 영원한
  도를 말한다.
- 常名　진정 영원하며 변하지 않는 이름
- 無　천지에 아무런 형상도 없던 시작점
- 有　만물의 근원 및 본래의 형상과 본질
- 常無, 欲以觀其妙　항상 무를 관찰함으로써 도의 오묘함을 발견한다.
- 常有, 欲以觀其徼　항상 유를 관찰함으로써 도의 끝을 발견한다.
- 徼　경계, 극한, 끝
- 此兩者, 同出而異名　백서본에서는 "둘은 근원이 같으나 서로 다른 이
  름으로 불린다. 兩者同出, 異名同胃(謂)"라고 기록하고 있다.
- 玄　캄캄하도록 아득하고 심원함을 가리켜 현玄이라 한다.
- 衆妙之門　모든 현묘함에 이르는 수단, 방법. 여기서는 '도'를 가리킨다.
- 道生之　만물이 도에서 생겨났음을 가리킨다.
- 德畜之　만물이 덕을 통해 양육됨을 가리킨다.

- 亭 《창힐편倉頡篇》에서는 "정亭은 정定이다."라고 말한다.
- 毒 《광아廣雅》석고釋詁편에서는 "독毒은 안安이다."라고 말한다.
- 覆 '보호하다'라는 뜻으로 여기서는 양육의 뜻을 담고 있다.
- 不有 자신의 것으로 소유하지 않는다.
- 不恃 자신의 공으로 자랑하지 않는다.
- 不宰 자기 맘대로 주관하지 않는다.

〖 해 석 〗

도道라고 부를 수 있는 도는 영원한 도가 아니며,
이름으로 부를 수 있는 이름은 영원한 이름이 아니다.
무無는 천지의 시작이요, 유有는 만물의 어머니가 된다.
그러므로 항상 무를 세심하게 관찰함으로써 도의 오묘함을 발견하려 하며, 항상 유를 세심하게 관찰함으로써 도의 끝을 발견하려 한다.
무와 유, 이 둘은 같은 근원에서 나와 이름만 다를 뿐 모두 오묘한 도라 칭할 수 있다. 오묘하고도 오묘하니, 이는 모든 현묘함에 이르는 길이다. (1장)

고로 도는 만물을 낳고, 덕은 만물을 품고 길러냈다. 안정과 평안으로 육성했으며 보호했다. 만물을 낳고 길렀으나 자신의 소유로 삼지 않고, 자기 능력으로 흥성케 했으나 그 능력을 자랑하지 않으며, 자신이 주재했으나 제 맘대로 주관하려 들지 않는 것, 이것이 바로 가장 오묘하고 깊이 있는 덕이다. (51장)

사랑과 모욕

사랑받음이나 모욕받음은 모두 두려운 일이다.

寵辱若驚

사랑에 관해 노자는 말을 아끼지 않았다. 예를 들어, "백성을 사랑하고 나라를 다스리는데 있어 어찌 아무것도 안 할 수 있는가? 愛民治國, 能無爲乎(10장)"라는 말도 했다. 왕안석王安石은 천하를 품는 위대한 포부를 가진 유능한 인물이었는데, 《노자》에 주석을 달며 이렇게 해석했다.

"백성을 사랑하는 사람은 사랑하지 않음으로 사랑하는 것이 으뜸이고, 나라를 다스리는 자는 다스리지 않음으로 다스리는 것이 으뜸이다. 사랑하지 않는 것 같으면서도 사랑하는 것과 다스리지 않는 것 같으면서도 다스리는 것이 무위無爲다.(용집조容肇祖 편집판《왕안석 노자 주집본王安石老子注輯本》)"

이는 사랑 때문에 생겨난 결과를 가지고 한 말이다. 연애를 많이 할수록 실연도 많이 하게 된다는 이유는 뭘까? 참견을 너무 많이 하기 때문이다. 윗사람이 사사건건 관리하고 경제를 계획하고 천하의 가능성을 다 생각해 놓는다면 분명 천하 사람들의 창조석인 열정은 모두 사장되고, 실패감과 답답함만 배가될 것이다. 관(官)이 아무리 백성을 사랑한다고 외쳐도 이런 사랑은 실패하게 되어있다. 또 백성은 사사건건 관을 의지하는 방탕함과 타성에만 젖게 된다. '백성을 사랑하는 길'이 오히려 백성을 해치는 가장 좋은 길이 된 것이다. 따라서 이런 사랑을 하느니 차라리 사랑하지 않는 것이 낫다.

노자는 사랑을 베푸는 자의 각도에서 볼 때, '자신을 아는 지혜가 있지만 자신을 과시하려 들지 말라. 自知不自見' 뿐 아니라 '자신을 사랑하되 존귀한 대접을 받으려 하지 말라. 自愛不自貴 (72장)'고 조언한다. 즉 자신이 할 수 있는 것과 할 수 없는 것을 깨닫고 자신의 능력을 과시하려 하지 않는 동시에, 자신에 대해 엄격한 태도를 유지해 과욕을 버리고 깨끗한 마음을 가지며, 자신을 고귀한 존재라고 우쭐거리며 뽐내지 말아야 한다는 것이다. 이런 사람은 자신의 가치를 과대평가해 결국 사람들에게 미움을 받고 자기 하나 제대로 사랑하지 못하는 자라는 오명을 뒤집어쓰게 되기 때문이다.

그러나 '자기를 사랑하되 존귀한 대접을 받고자 하지 말라.'는 진리를 실제 실천한다는 것은 말처럼 쉬운 일이 아니다. 그 원인은 우리가 '몸을 가지고 있기有身' 때문이다. 노자의 말은 또 한 번 핵심을 찌른다. 그는 '사랑받음과 모욕받음은 모두 두려운 일이니, 화를 입을까 주의하듯 몸을 중시하라.'고 했다. '화를 입을까 주의하듯 몸을 중시하라'는 것은 무슨 뜻일까? 같은 장에서 그는 생각의 전개를 위한 부연설명을 하고 있다.

"사람에게 몸이 있기 때문에 몸을 사랑하고 귀하게 여기는 것은 자연스러운 것이다. 하지만 사물과 현상을 대할 때는 모든 것을 자연의 도리에 따라 할 것이지, 방종한 사욕에 따르면 사물을 해치게 된다. 평안의 때에는 반드시 위기의 때를 생각하고 살아있을 때에 죽을 때를 생각해야 하며, 자신의 사리사욕만 채우고 권세를 탐하는 삶을 살아서는 안 된다."

일신의 사리사욕을 구하지 않는 사람에게 과연 어떤 재앙이 임하게 될까? 여기에서 그가 말하는 '몸이 없음無身'은 위에서 언급한 '자신을 사랑하되 존귀한 대접을 받고자 하지 않는다'는 말을 잘 설명해주고 있다. 이렇게 자기 몸을 귀하게 여기는 태도로 천하를 위하며, 자기 일신의 생명을 귀중히 여길 뿐 아니라 천하 백성들의 생명도 귀중히 여기는 사람이 있다면, 노자는 그에게 천하도 넘겨줄 수 있다고 생각했다. 자신의 몸을 사랑하는 태도로 천하를 위하고, 일신의 사욕 때문에 천하 만민의 소망을 저버리지 않는 자는 천하를 맡길 만한 사람이다. 이것이 바로 본 장의 말미에 나오는 "그러므로 몸을 귀히 여기듯 천하를 위하면 천하를 맡길 수 있으며, 자신의 몸을 사랑하듯 천하를 위하는 자에게는 천하를 의탁할 수 있다. 故貴以身爲天下, 若可寄天下; 愛以身爲天下, 若可托天下"란 말의 뜻이다.

첫 구절은 노자가 성인이나 왕족, 귀족들이 들으라고 하는 이야기 같이 들리지만, 둘째 구절은 일반인의 사랑에 대한 잠언을 대표한다. 바로 "사랑에 너무 몰두하면 반드시 많은 힘을 소모하게 된다."는 것이다. 한 가지에 대한 사랑이 너무 지나치면 분명 극심한 소모가 뒤따르게 된다. 우리가 그토록 사랑하는 대상은 과연 무엇일까? 노자는 아무런 부연설명도 하지 않았다. 이 대상에 대해서는 역대 주석가들도 여러 모로 추측을 했는데, 어떤 이는 명예라고 하고, 어떤 이는 이익이라고 하며, 어떤 이는 이성이라고 하기도 했다.

사실, 이 세상에 사람의 욕심을 불러일으키는 대상이 어디 한두 가지뿐인가? 권위에 집착하는 사람은 이 범주에서 벗어날 수 있을까? 비싼 술을 사랑하는 사람은 면죄부를 얻을 수 있을까? 윗사람의 눈치를 살피며 달콤한 아부와 아첨을 하는 일은? 그리고 고급 승용차와 호화저택은? 특별한 애호를 가진 사람들을 자세히 관찰해보면 보통 사람들은 듣도 보도 못했을 훨씬 더 큰 욕망이 있음을 알 수 있다.

하지만 천하에 사랑할 만한 대상이 아무리 많다 하더라도 한 번 밖에 없는 짧은 인생 동안 그 전부를 다 사랑할 수 있을까? 내 손에 얻게 된 좋은 것을 사랑하려 하다보면 당신은 벌써 지치게 된다. 이미 가지고 있는 것을 자본 삼아 더 사랑할 대상을 찾으려

한다고 피곤함에 지친 수고로운 인생을 과연 면할 수 있을까? 그래서 소철蘇轍이 《도덕진경주道德眞經注》에서 한 말에 고개를 끄덕이게 되는 것이다.

"너무나 사랑하게 되면 그것을 얻으려고 무슨 일이든 하게 된다. 많은 힘을 소모하지 않을 수 있을까? 愛之甚, 則凡可以求之者無所不爲, 能無費乎"

寵辱若驚, 貴大患若身. (13章)
甚愛必大費. (44章)

- 寵辱若驚 사랑을 받음과 모욕을 받는 것은 모두 사람을 두렵게 하는 일이다.
- 貴大患若身 재앙이 생길까 주의하는 것과 똑같이 몸을 중시하라. 왕순보王純甫는 이 말이 "몸을 귀중히 여기길 재앙에 주의하듯 하라"고 말해야 하는데 고대의 언어표현법으로 도치의 미학을 추구했다고 말한다. 진고응陳鼓應은 앞 구절의 '신身'과 뒷 구절의 '경驚'은 압운이 되기 때문에 도치문을 사용했다고 한다.

사랑받음과 모욕 받음은 모두 두려운 일이니, 화를 입을까 주의하듯 몸을 중시하라. (13장)
사랑에 너무 몰두하면 반드시 많은 힘을 소모하게 된다. (44장)

〖 조급증과 폭력은 금기 〗

폭우는 온종일 내리지 않는다.

驟雨不終日

중국 고대 정치사상 및 제도를 관통하는 중요한 의의는 어떤 의미에서 보면 '덕과 예로서 법을 다스린다'라는 말로 요약할 수 있다. 일찍이 은상殷商시대에 하늘의 뜻과 신권, 종법관념이 성행함에 따라, '덕으로써 하늘의 뜻에 따르고 以德配天' '덕을 존중하여 백성을 보전한다. 敬德保民'는 관념은 통치자들의 위정에 중요한 근거가 되었다. 그와 유사한 교훈으로는 '덕을 선양하고 벌은 신중히 한다. 明德愼罰'라거나 '함부로 죽일 필요 없이 교화로써 다스린다. 勿庸殺之, 姑唯教之' 등이 있다. 이는 법치를 실시할 때 통상적으로 준수되던 기본 원칙이었다.

춘추시대에 이르러서는 공자가 주장한 관념, 즉 '덕을 주요수단으로 삼고 형벌을 보조수단으로 삼는다 德主刑輔'와 '덕으로써 형벌을 없앤다 以德去刑' 등이 사람들에게 널리 받아들여졌다. 더군다나 고대 중국에서는 전통 종법사상의 영향을 받아 천도관념과 가족 관념이 사람들의 마음속에 깊이 파고들었고, 개인이 모여 가정을 이루고, 가정이 모여 국가를 이루며, 국가가 모여 천하를 이룬다는 생각은 사회의 보편적인 인식이 되었다. 이런 동일한 사회인식이 형성됨으로 정치사상과 법칙법령도 큰 영향을 받게 되었다. 전체 사회에는 각각 다른 정도지만 이러한 일종의 비법률적인 인식기제가 작용하게 되었다.

노자는 위정자가 많은 말을 하거나, 가혹한 정치를 행하는 것을 반대했다. 그중에는 지금 하려는 "정치에 조급증과 폭력은 금물"이라는 말도 포함되어 있다. 이 주장의 배경이 되는 도덕사상을 살펴본다면 이 주장은 위에서 밝힌 중국의 전통 정치사상과 같은 가지에서 출발했음을 알 수 있다.

하지만 다른 각도에서 문제를 살펴볼 수 있다. 하夏, 상商, 주周 3대 고대왕조 시대로부터 중국에는 성문법이 존재하고 있었으며, 이것이 바로 우형禹刑, 탕형湯刑, 구형九刑이다. 춘추 이후로 전국시대까지 각 제후국은 자기 국가를 발전시키고 부국강병을 실시하기 위해 일련의 신법 변경과 제정에 더욱더 열을 올렸다. 예를 들어 위나라의 이리李悝가 제정한 《법경法經》은 '절도' '도적질' '구금' '체포' '잡형' '형구' 등 일련의 완비된 내용을 자랑하고 있으며 이런 체계성을 갖추기까지는 분명 비교적 긴 발전시간이 소요되었으리라는 추측이 가능하다. 그래서 노자의 시대는 어떤 의미에서 보면 막 '질서에서 벗어나기' 시작해 새로운 질서를 건립하던 과도기라고 할 수 있다. 하지만 변화가 복잡하고 변화과정도 매우 길어지면서 결국엔 '무질서' 상태로 들어서게 되었고, 후세 인들은 이를 두고 '난세'라고 부르게 된 것이다.

이런 이유 때문에 노자는 시대에 대한 근심과 걱정으로 이 현상에 대해 비평을 제기한 것이다. 자기 잘난 척이 모든 인류의 폐단임을 감안할 때, 당시 사람들은 그런 경향이 더욱 두드러졌다. 군주들은 자신의 지혜와 총명은 늘 자랑했으나 겸허하고 진정한 학문이 없었기에, 자기 생각만 습관적으로 고수했다. 이때 노자는 그들이 고개를 숙여 대자연에게 배우며, 대자연의 운행 속에서 인간성 성장에 유익한 교훈을 얻도록 요청했다.

그는 말한다. "아침 내내 불어대는 광풍을 본 적이 있으며, 온종일 내리는 폭우를 본 적이 있습니까?" 하늘에서 내리는 광풍과 폭우조차 장시간 계속될 수 없거늘, 사람의 일은 어떨까? 그러므로 통치자는 천하를 평화롭게 다스리려면, 자연의 법칙 속에서 교훈을 얻어야 한다. 여기에서 "'광풍'은 천하를 호령하며 법을 만들고 금지하는 폭정의 공포를 가리키며, '폭우'는 납세와 부역을 포함해 백성을 다그치는 폭정의 채찍을 가리킨다.(왕준王準의 《노자탐의老子探意》)"

물론 모든 통치자들이 다 겸허하게 고개를 숙여 자연에게서 교훈을 얻는 것은 아니다. 그러므로 노자는 특별히 이렇게 말한다. "도에 따라 행하는 사람은 도에 부합하고 덕에 따라 행하는 사람은 덕에 부합한다. 도를 잃고 덕을 잃어버린 사람은 모든 것을 잃어버린 것과 같다. 故從事於道者, 同於道; 德者, 同於德; 失者, 同於失" 간단히 말하자면, "자신의 행동이 덕과 같으면 도역시 나를 얻게 되고, 덕을 잃어버리게 되면 도 역시 나를 버리게된다. 同於德者, 道亦德之; 同於失者, 道亦失之"는 뜻이니, 여러분들도 각별히 경계하길 바란다.

그러나 선한 노력의 결과는 항상 안타까움을 남겨주고 있다. 춘추시대의 직후 세대인 전국시대에만도 엄격하고 잔인한 형벌을 강력하게 실시한 군주들이 다수 출현할 뿐만 아니라 노자와같은 지식인들조차도 잔인한 형벌과 엄격한 법을 장려했기 때문이다. 그 후 중국의 통치이념은 외양은 유가의 정신을 근간으로삼았지만 내적으로는 법가를 따랐기에, 속으로는 욕심이 가득찼으면서도 겉으로는 인의를 가장한 군주들이 우후죽순처럼 일어났다. 전제적인 집권과 고압적인 정책 아래서 '인내는 그만두고 조급증만 일으키는' 지식인들도 셀 수 없이 많아졌다. 그 때문에 국가 정치는 날마다 아침에 법을 정하고 저녁에 바뀌는 불꽃튀기는 신속함을 자랑했다. 폭정은 오래가지 않는다는 말대로, 2세 황제에 멸망하고 5세 황제에 참수를 당하는 왕조들이 부지기수로 출현했다. 하지만 제대로 된 왕조에도 사리분별력이 떨어지는 일부 황제들은 툭하면, 혹은 주기적으로 발작을 일으켜, 백성들에게 죽을 고생을 강요하게 되었다. 이런 걸 보면 제도가 필요하다는 것도 다 이유가 있는 것이다.

노자는 은둔자적인 면이 확실히 강했다. 그가 인성의 추악한 뒷모습을 이미 꿰뚫어 보았다면 왜 완벽한 제도를 구상해 만민들이 살기 좋은 법치제도를 마련하지 않았을까? 어쩌면 그도 거기까지가 한계였을지 모르겠다. 그 추측이 맞다면, 그가 산을 나오는 것이든, 하늘로 올라가 신선이 되든 멀리 떠나는 그의 발걸음이 결코 가볍지는 않았을 것이다.

故飄風不終朝, 驟雨不終日. (23章)

- 飄風   광풍, 거대한 바람
- 朝   동틀 녘부터 식사 때까지, 아침 내내
- 驟雨   소나기, 폭우

광풍은 아침 내내 불지 않고, 폭우는 온종일 내리지 않는다. (23장)

모성을 향한 사랑

만물을 알고 그 근원을 지킨다면 평생 어떤 위험도 당하지 않는다.

以知其子, 復守其母, 沒身不殆

자신이 철학을 하는 중요 주제인 '도'에 대해 설명하기 위해, 노자는 온갖 추상적인 표현방법을 총동원했다. 예를 들어 '도'에는 '텅비고 형태가 없는道沖' 특성(4장)이 있다고 했으며, "보기는 보아도 보이지 않아 '사라짐'이라 하고, 듣기는 들어도 들리지 않아 '거의 없음'이라고 하며, 손으로 만지려 해도 만질 수 없어 '미세함'이라고 한다. 이 세 가지 형상은 더 이상 설명하기 어려우며 서로 혼합되어 일체를 이루고 있다. '도'의 위쪽이라 해서 밝은 빛이 있는 것이 아니고 아래쪽이라 해서 어두운 것이 아니다. 도는 아득하고도 측량이 어려우며, 이름을 붙이기도 어렵다. 그러므로 우리는 다만 어렴풋하며 아스라하다고 한다. 우리는 도의 앞길에서 도를 영접하지만 도의 앞모습을 볼 수 없고, 도의 뒤안길을 따르지만 도의 뒷모습을 찾을 수 없다. 視之不見, 名曰夷; 聽之不聞, 名

曰希; 搏之不得, 名曰微. 此三者 不可致詰, 故混而爲一. 其上不
曒, 其下不昧, 繩繩兮不可名, 復歸於無物. 是謂無狀之狀, 無物
之象, 是謂惚恍. 迎之不見其首, 隨之不見其後(14장)"라고도 했다.

또한 "(존재로서의 도는) 어렴풋하다. 그리도 어렴풋한 도여, 그중
에 형상이 있구나. 그리도 어렴풋한 도여, 그중에 물질이 있구나.
그리도 아득하고 모호한 도여, 그중에 정기가 있구나. 이 정기는
너무나 진실하여 믿을 만하다. 惟恍惟惚. 惚兮恍兮, 其中有象.
恍兮惚兮, 其中有物. 窈兮冥兮, 其中有精. 其精甚眞, 其中有信
(21장)"라고도 말하고 있다.

사실 이 모든 것은 한 마디로 요약할 수 있다. 즉, 도란 정미精
微한 실체이며, 또한 파악할 수도 말할 수도 없는 것이다. 하지만
이 표현들은 말하기도 어색할 정도로 하나같이 너무나 추상적이
다. 노자도 이 점에 대해서는 잘 알고 있었다. 그래서 사람들이
이 실체에 대해 더욱 보편적인 개념과 더욱 구체적인 인상을 가
질 수 있도록, 1장에서부터 전체적인 요지를 밝히며 '어머니母'라
는 사물로 비유를 들었고, "천지만물의 어머니를 유有"라 한다고
말했다. 그가 말하는 천지만물의 어머니란 만물의 근원을 두고
하는 말이다. 그는 "도란 말이지, 모든 것을 낳았어. 하나가 둘이
되고, 둘이 셋이 되고 셋이 퍼져서 만물이 된 거야. 그 모습은 여
자가 생명을 창조하고 우리 인류를 키워낸 것과 마찬가지지." 라
고 말하고 있다. 그래서 그는 천하의 본래의 시작을 '어머니'로 비
유한 것이다. 그래서 '어머니'가 어떤 존재인지 알고 이해하기만

한다면 만물을 알 수 있게 된다. 더욱 상세한 설명을 위해, 그는
인류의 생명창조에 대해서 설명한다.

"골짜기의 신은 영원불멸이며 이것이 바로 오묘한 모성이다.
우주만물은 이 오묘한 모성의 문을 통해 탄생했으며, 그러므로
이는 천하 만물 생성의 근원이 된다. 이것은 이 천지에 드러날 듯
숨겨질 듯 존재하며, 생명을 번성케 하는 무궁무진한 힘을 가지
고 있다. 谷神不死, 是謂玄牝. 玄牝之門, 是謂天地之根, 綿綿若
存, 用之不勤(6장)"

그는 그 텅 비고 변화무쌍하여 헤아릴 수 없는 도는 인류를 낳
고 길러낸 어머니와 같고, 어머니의 생식의 문에는 모든 사물의
근본이 담겨있다고 말한다. 이 근본은 영원토록 그곳에 존재한
다. 비록 눈으로 볼 수는 없지만 계속하여 일하며, 끊임없는 작
용을 해내고 있는 것이다. '도'와 천하 만물의 관계는 인류와 어머
니의 관계와 같다. 마치 어머니를 잘 보호해야만 자식은 자기 존
재를 계속 유지할 수 있고, 평생토록 위험을 당하지 않게 되는 것
처럼 말이다.

고대 중국인은 보편적으로 "하늘은 아버지이며, 땅은 어머니
이다. 以天爲父, 以地爲母《회남자》정신훈精神訓"라는 관념을 가지고
있었다. 하늘은 양이며, 움직임이고, 맑음이며 비어있음이며, 남
성성이며 강함이다. 이에 비해 땅은 음이며 정이고, 혼탁함이며
차가고, 여성성이며 부드러움이다. 하늘은 이 세상만물을 덮고
땅은 이 세상만물을 담아내며 인류를 포함한 각종 생명을 키워

낸다.

하지만 노자는 여기에서 이 비유를 빌려 자기만의 논리를 담아내고 있다. 그는 하늘은 전혀 중요하지 않고 땅만 중요하다고 한 것이 아니다. 다만 사람들은 모두 "땅은 몸을 통해 나를 담아내고, 생장을 통해 나를 섬겨주며, 노쇠함을 통해 나를 유유자적하게 해주고, 죽음을 통해 나를 쉬게 해준다. 大塊載我以形, 勞我以生, 佚我以老, 息我以死《장자》대종사大宗師"라는 인생 경험을 체험해 보았을 것이기에, 여기서 특별히 '어머니'라는 이미지를 차용해 '도'가 만물을 낳은 이치를 설명한 것이다. 이 비유라면 사람들이 쉽게 이해할 수 있음을 알 수 있다.

노자는 이제 더 나아가 인생의 수양문제를 다루고 있다. 사람이 근본을 중시하고 본질로 돌아간다면 '도'의 상태로 되돌아갈 수 있다고 말이다. '도'는 천지간의 만물을 낳았으며 만물은 도를 통해 생장했다. 마치 사람이 어머니의 보호를 받아야 살아갈 수 있는 것처럼 만물은 도의 보호를 받아야 한다. 따라서 그는 "자신을 길러주는 어머니, 도를 귀중히 여기는 것 貴於食母(20장)"이 다른 사람보다 더 많은 도리를 깨닫고 더욱 의미 있는 삶을 살 수 있게 해 주는 중요한 표지라고 여겼다. 그 뿐만 아니라 한 국가를 다스리는 것 또한 마찬가지라고 지적했다. 그는 기초를 다지고 덕을 쌓아 올바른 일을 하며 힘이 있는 것을 국가의 '어머니'라고 보았다. 즉, 이는 국가건설의 기본이 된다. "국가의 어머니가 있으면 장구할 수 있다. 有國之母, 可以長久(59장)"라는 말은, 국가를 지키는 근본적인 '도'가 있으면 국가는 오래도록 생존할 수 있다는 이야기다. '도'의 핵심을 가장 잘 설명한 말이다.

그러므로 노자는 위대하다. 단순히 깊이 있는 사상을 가져서가 아니라 깊이가 있으면서도 쉽게 풀어내 줄 수 있기 때문이다. 장구한 인류 역사 속에는 인류를 구원하려고 노력했던 수많은 철학자가 등장했었다. 그러나 그들과 일반인의 사고 사이에는 현격한 차이가 있었다. 말이 너무 심오했다는 뜻이다. 그 중 일부 사상은 후세에까지 발전했지만 대부분은 도태되었고, 결과적으로 '귀신 씨나락 까먹는 소리'로 폄하되었다. 하지만 정말로 명쾌하게 생각한 사람이라면 말도 명쾌하게 해야 정상일 것이다. 정말 똑 부러진 생각을 했다면 말을 똑 부러지게 못할 이유가 뭐란 말인가?

노자가 오늘날 강단에 섰더라면 아마도 인기강사가 되었을 것이요, 수많은 '팬클럽'을 몰고 다니며 베스트셀러 작가로 사인회장을 섭렵했을 것이다. 하지만 노자의 팬클럽은 적당한 이름을 붙여주기가 어렵다. 생명의 초유를 먹어보지 못한 현대인에게 노자의 사상을 억지로 주입시켜야 하니, 팬클럽 이름을 '분유'라고 하면 될까?

有物混成, 先天地生. 寂兮寥兮, 獨立不改, 周行而不殆, 可
以爲天下母. (25章)

天下有始, 以爲天下母. 旣得其母, 以知其子; 旣知其子, 復守
其母, 沒身不殆. (52章)

【 주 석 】

• 寂兮   고요하여 아무런 소리도 없는 상태
• 寥兮   움직이기는 하지만 아무런 형태도 없는 상태
• 獨立不改   도의 절대적인 영원성을 설명하는 구절. 이 구절은 간본에
     서는 '독립불해獨立不亥'로 적고 있다.
• 周   모든 범위, 주위, '둘러싸여 있다'라는 뜻으로 쓸 수도 있다.
• 殆   '怠'와 통하며 쉰다는 뜻. 이 구절을 간본 백서에는 없다.
• 母   근원, 도를 가리킴
• 天下母   백서본 및 범응원본에서는 '천지모天地母'로 적고 있다. 그러나
     간본과 왕필본은 '天下母'로 적고 있다.
• 始   본래의 시작, 도를 가리킨다.
• 子   이곳에서는 만물을 가리킨다.

【 해 석 】

혼연일체로 뒤섞여 천지 이전에 탄생한 것이 있다. 그것은 적막하고 형태가
없으며, 홀로 영원히 존재한다. 순환하며 운행하되 끊임없이 생장하고 번
성하여 천지만물의 근원이 될 수 있다. (25장)
천지에는 태초의 시작이 있으며, 이것이 만물의 근원이 되었다. 근원이 무
엇인지 알게 되면 만물을 알 수 있게 된다. 만물을 알게 되고 그 근원을 지
킨다면 평생 어떤 위험도 당하지 않게 된다. (52장)

❘❚ 소박함은 진실함이다 ❚❘

도는 영원히 이름이 없으며 진정 순박하다.

道常無名朴

《설문해자設文解字》에서는 "박朴은 나무로 된 원재료木素를 말한다."고 한다. 그릇을 만들기 전, 아직 쪼개고 가르거나 다듬고 쪼아내지 않은 나무를 '박'이라고 한다. 또 아직 염색을 하기 전, 색색 가지 채색실의 원재료가 되는 실을 '소素'라고 한다. 노자는 이두 가지 물건을 통해 아직 이름은 없지만 진정한 본질을 가진 도의 상태를 표현하고 있다. 이 단어에서 '이름이 없는 순박함 無名之朴(37장)'이라든지 '소박함을 지킨다 見素抱朴'라는 말도 나오게되었다.

순박함은 지혜로운 변론이나 속임수, 탐욕이 아니며 교묘한 이익추구도 아니다. 그런 것들은 모두 노자가 극력 반대하는, 천하에 혼란을 일으키는 근원이다. 순박함은 아주 간단한 방법으로 자신의 원초적인 성질과 본래 모습을 유지하면서도 그에 대한 지식도, 지각도 전혀 없는 상태다. 이런 속성과 모습을 보이면 다른 사람에게 칭찬을 받을 것이라든지, 원래의 모습에 너무나 충실한 자신을 다른 이에게 보여주기 민망하다는 생각도 전혀 없다. 순박함은 보기에는 어리석어 보이지만 사실 진실하기 그지없다. 그래서 왕필은 노자를 주석하여 '소박함이란 진실함이다 朴, 眞也'라고 말한 것이다.

노자는 사람들에게 '순박함'을 배우라고 말한다. 이 진실하고 순박한 도가 퍼져 기물이 되면 유명한 기물이 되는데, 그 예로는 수레나 의복 등을 들 수 있다. "기물에는 예가 담겨져 있다. 器以藏禮" "수레와 의복으로 존귀함과 비천함을 나타낸다. 車服所以表尊卑《좌전左傳》성공2년成公二年 두예杜預 주석)"란 말이 있듯, 성인도 도를 사용하면 백관의 우두머리가 될 수 있다. 이 백관의 우두머리가 실시하는 정치는 소박한 나무토막과 같기에 "갈라지거나 분열되지 않는다."고 한다. 즉, 양호하고 완벽한 제도와 정치는 천하 사람들의 공통된 소원을 그 마음으로 하며, 도의 실질을 그 모습으로 삼고 있다. 사람의 손을 통해 가공되지 않았을 뿐 아니라 도끼나 칼에 의해 잘리지도 않았기 때문에 완전하고 갈라지지 않은 모습을 보여준다. 더 깊은 뜻을 사색해보자면, 비록 분열과 갈라짐이 있다 할지라도 성인은 이를 봉합하여 본래의 완전함을 회복시킬 수 있다는 뜻도 들어있다. 중국 고대인들은 정치를 종종 여러 가지 일상사에 비유했다. 정치를 요리나 배 몰기에 비유하기도 했기에, 옷 만들기에 비유하는 것도 당연히 가능했다.《한비자》난이難二에는 "관중은 재단을 잘하고, 빈서무는 재봉에 능하며, 습명은 옷 가장자리 장식을 잘 한다. 管仲善制割, 賓胥無善削縫, 隰朋善純緣"란 대목이 기재되어 있다. 윗글은 일상생활을 가지고 정치를 빗댄 비유이다.

물론, 소박함을 지키려면 성인 자신이 먼저 '무위'를 실천해야 한다. 그래야 '임금이 도를 가지고 있을 때 백성들은 스스로 순박함으로 돌아간다'라는 말을 이룰 수 있다. 군주가 순전하고 선량하며, 영예와 수욕이 일어나는 것, 병폐와 화근이 생기는 것, 재물이 모이면 분쟁이 일어나는 것, 큰 지혜는 어리석음과 같고 큰 교묘함은 서투르다는 것을 깨달아 알고, 청정을 좋아하며 많은 사업을 일으키지 않고 사욕이 없다면, 지식인들은 자연히 "군주의 온화함과 순박함이 깎지 않은 나무토막과 같음 敦兮其若朴(15장)"을 깨닫게 되고 백성들은 복을 누릴 수 있으며, 자연스레 순박함으로 되돌아가게 된다. 이렇게 위아래가 일체가 되면 전체 사회는 "소박함으로 돌아가 復歸於樸(28장)", 참다운 길에 들어서게 된다. 이것이 바로 노자가 말하는 "내가 욕심을 버리면 백성들이 절로 순박함으로 돌아가게 된다. 我無欲, 而民自樸(57장)"는 뜻이다.

'순박함'은 일종의 미덕이다. 그래서《장자》산목山木편에서도 "깎고 쪼아 연마하여 외적인 것을 연마하고, 내적으로는 순박함으로 돌아가야 한다. 旣雕旣琢, 復歸於樸"라며 순박함을 숭상했다. 또한 천도天道편에서는 한 걸음 더 나아가 "소박함은 화려하지 않지만 천하에 이와 함께 아름다움을 다툴 것이 아무것도 없다. 朴素而天下莫能與之爭美"라고 말하고 있다. 그러므로 순박함은 '진실함' '어리석음' 등과 짝을 지어 단어를 이루는 것 외에도, 자주 '서투름' '충성' '진함' '진중함' '말재주가 없음' '성실함' 등의 뜻과 함께 쓰여, 천성이 순박하고 선량하며 가공되지 않은 진정한 인간을 찬미하는데 사용했다. 예를 들어《회남자》주술훈主術訓에는 "그 백성들이 소박하고 진중하며 단정하고 성실하면 다투고 경쟁하지 않아도 충족한 재물이 생기고, 힘들여 일하지 않아도 공을 이루게 된다. 其民朴重端愨, 不忿爭而財足, 不勞形而功成"라는 구절이 나온다.

공자는 재여宰予를 두고 "썩은 나무는 조각할 수 없다. 朽木不可雕也"라고 칭했다. 그가 벌건 대낮에 낮잠만 쿨쿨 잤기 때문이다. 그러나 자로를 두고는 "순박하고 비루한 마음이 아직까지 없어지지 않았다. 樸卑之心, 至今未去"라고 했다. 그는 열심히 공부할 수 없고 너무나 거칠고 야만스럽기 때문이다. 공자가 수식과 적당히 깎아내고 다듬은 외양을 싫어하지 않은 것은 알겠지만, 진실함과 소박함을 언제 반대했다는 것일까? 법가는 법을 준수할 수 있도록 해주는 간단한 사고방식을 기초로 삼기에, 단순함과 순박함을 더욱 숭상했다. 상앙은《상군서商君書》농전農戰에서 "나라를 다스리는 자는 창고가 비록 가득 차더라도 농업을 게을리 해서는 안 되며, 백성들을 강대하게 하여 언어에 음란함이 없고 백성이 소박하고 간단한 삶을 살도록 한다. 백성이 소박하고 간단하면 관직과 작위는 속임수를 쓰지 않더라도 저절로 얻어지게 된다. 爲國者, 倉廩雖滿, 不偸於農; 國大民衆, 不淫於言, 則民朴壹. 民朴壹, 則官爵不可巧而取也"라고 말한다.

조금 아쉬움이 남는다면 "오늘날 사람들의 본성은 태어나자마자 그 순박함을 잃어버리고 있다. 今人之性, 生而離其朴《순자》성악性惡"라는 구절이다. 문자적으로 이 '오늘날'이란 단순히 하상주 3대 왕조 이후를 가리키는 것 같지만, 순자의 이후로도 천하는 타락을 멈추지 않았다. 방종하고 예의에 구속받지 않기로 소문난 이백李白도 '수왕보궐혜익장묘송승자증별酬王補闕惠翼庄廟宋丞泚贈別'이라는 시에서 "소박함이 사라지고 옛것을 존중하지 않으니 시대는 그릇되어 모두 진실함을 잃어버렸다. 朴散不尙古, 時訛皆失眞"며 불만을 표시할 정도니 말이다. 관리가 되지 않는 게 더 나았던 소동파蘇東坡 역시 상신종황제서上神宗皇帝書에서 "최근의 세태는 순박하고 서투른 사람이 점점 더 줄어들고, 기회를 노려 관직을 얻는 선비만 점점 더 늘어나고 있다. 近歲朴拙之人愈少, 而巧進之士益多"고 한탄했다. 속임수가 공공연히 행해지는 세태를 생각할 때 진실한 삶을 사는 사람은 이미 너무 많은 고통을 겪고 있었던 것이다.

모두 순박하고 진실한 인간성과 세태를 좋아하건만 왜 그 도리를 실천하려면 이렇게 시간이 걸리고 힘이 든 것인지, 사람들도 이해가 안 되어 답답해한다. '정말 희한한 일이로군!' 오늘날 사람들은 모두 화해를 주장하며 개인의 몸과 마음의 화해, 다시 인간관계의 화해, 사회의 화해, 그리고 나라와 나라 간 국제관계에서 화해를 추구한다. 예를 들어 "어떻게 하면 차이를 벗어나 같아질 것인가? 자신의 특징을 살리며 공통점을 찾을 수 있을 것인가?" 등등 말이다. 이 모든 노력은 우리 세상을 서로 이해할 수 있는 세상으로 만들기 위해 행해지는 것이다. 이 세계에서 가장 이해하기 쉬운 것은 무엇일까? 본연의 것, 진정한 것, 단순한 것이 가장 이해하기 쉽다. 이런 의의에서 출발해 우리 생각의 세계 속에도 순박한 나무 한 토막을 드리우고 돌이켜 깊이 사색해 본다면, 사람과 사람, 나라와 나라 간의 이해와 교류에도 분명 넓고 탁 트인 사통팔달의 길이 열려있음을 깨닫게 될 것이다.

朴散則爲器, 聖人用之, 則爲官長, 故大制不割. (28章)

道常無名樸. 雖小, 天下莫能臣. 侯王若能守之, 萬物將自賓.

(32章)

【 주 석 】

- 器　기물, 혹은 유명한 기구. 예를 들어 수레나 복장 등
- 之　여기서는 순박함을 가리킨다.
- 官長　백관의 우두머리, 즉, 군주를 가리킴
- 大制不割　백서본에서는 '대제무할大制無割'이라고 적혀 있다.
- 制　재단하다. 여기서는 정치를 가리킨다. 정치와 재단에는 모두 자르는 일과 꿰매어 합하는 일이 필요하다.
- 大制　완비된 정치를 말한다.
- 割　자름
- 小　도가 숨겨져 잘 보이지 않음을 말함
- 雖小　통행본에는 '수소雖小'라고 적고 있지만 간본에서는 '유처唯妻'로 적고 있다. '妻'는 미세하고 작다는 뜻이다.
- 莫能臣　왕필본에서는 '신臣' 뒷쪽에 '야也'가 적혀 있으며, 간백본과 박혁본. 당송시대의 여러 고본에는 모두 적혀 있지 않다. 이에 삭제했다.
- 賓　순복하다. 여기서는 도에 순복함을 가리킨다.

【 해 석 】

진정 순박한 도가 퍼지면 각종 기물이 되고, 진정한 도를 아는 사람이 이 순박한 도를 사용하면 백관의 우두머리가 될 수 있다. 그러므로 완벽한 정치는 갈라지거나 분열되지 않는다. (28장)

도는 영원히 이름이 없으며 진정 순박하다. 비록 숨겨져 잘 보이지 않지만 천하에 순복하지 않는 자가 없다. 군왕과 제후가 이 도를 지킬 수 있다면 만물은 자연으로 회복된다. (32장)

❧ 화와 복은 상호 의존관계 ❧

화여, 복은 그대 안에 기대어 있다.

禍兮, 福之所倚

도가철학이 유가철학에 비해 더 우월하고 매력적인 부분이 있다면, 그건 깊이 있고도 심오한 변증사상일 것이다. 이런 면에서 노자는 아주 좋은 모범이 된다. 그는 말한다. "도의 운행은 끊임없는 순환이다. 反者道之動(40장)" "만물은 음을 등에 지고 양을 향한다. 萬物負陰而抱陽(42장)" 모두 모순의 대립과 통일을 천재적인 관점으로 통찰한 내용이다. 그는 천하 만물은 '유가 없이는 '무'도 없고, '어려움'이 없이는 '쉬움'도 없다는 사실을 체득했다. 서로 반대되는 것이 서로의 탄생을 돕고, 그 반대되는 것으로 전환된다. 이런 이치라면 '미'는 '추'가 되고, '선'은 '악'이 될 수 있다. 모든 사물에는 그 자신의 속성을 부정하는 요소들이 운명처럼 내포되어 있기 때문이다. '복'과 '화' 역시 그럴 수밖에 없다.

그러나 중국인들은 미신이나 천명을 믿게 된 후로부터 이 두

가지를 대립하는 개념으로 보기 시작했다. '이 세상 운명은 복이 아니면 화지만, 화는 절대로 피할 수 없다' 등의 말이 이 관점을 잘 나타내준다. 이런 사상 속에서는 '대립'이란 말을 조금만 강하게 사용해도 양자는 적어도 상호 대응되는 관계가 된다. 아무튼, 이 두 가지를 함께 조종한다는 것은 매우 어려운 일일 것이다. 남은 일은 누가 더 능력이 많아 화는 빨리 없애버리고 복을 쟁취하는지 두고 보는 것이다. 그래서 사람들은 화란 화는 전부 없애버려야 한다는 생각으로 "하늘의 신이시여, 땅의 신이시여!"를 외치며 하늘의 가호를 구하고 이 소원이 속히 이뤄질 수 있기를 간절히 소망한다. 이와 대응되는 생각이 바로 복이란 복은 전부 집으로 불러들여야 한다는 것이다. 폭죽이던 고급 선향이든, 가능한 방법은 총동원해야 한다. 노년에 한가롭고 편안한 생활을 하는 복은 당연히 환영할 만한 복이고 모든 것이 갖춰진 복은 더욱 기가 막힌 복이다. 만일 이 두 가지 복을 받지 못한다면 평범한 복이라도 좋다. 평범한 복은 뭘까? 예를 들어 어디 갈 곳도 없고, 어디를 가도 기다려주는 친구 하나 없는 사람이 있다고 치자. 그런데 말을 청산유수로 하는 사람을 만났더니 이렇게 인사를 하는 게 아닌가? "아유! 집안에서 복을 누리고 계시네요!" 집안에서 복을 누리고 있다는 건 노년에 한가롭게 사는 복을 말할 수도 있다. 그러나 대부분은 바로 평범한 복을 가리키는 말이다.

노자의 변증사상은 이런 전통사상을 한없이 낡고 조잡하게 만들어 버렸다. 그는 사람들에게 화를 내쫓고 복을 영접할 때

조차도 초조해하지 말고, 심지어 명예와 이익에도 별다른 관심을 보이지 말라고 한다. "당신이 영접해 들이는 그 좋은 일은 금세 재난을 불러일으킬 겁니다. 하지만 지금 재수에 옴이 붙었다고 생각하는 그 나쁜 일은 당신에게 곧 행운을 가져다줄 겁니다." 처음에는 믿기지 않겠지만, 뒤에 일이 발전하는 상황을 살펴보면 믿지 않을래야 믿지 않을 수 없다. 인생은 이렇게 우리를 아리송하게 한다. 삶은 우리가 조종할 수 없는 것 같지만 실제로는 이를 주관하는 주인이 있다. 대립되는 요소는 일찌감치 숙명처럼 모든 사물 속에 숨겨져 있기 때문이다.

한비자는 노자에 정통하여 《해노解老》라는 글을 쓰고, 노자의 이 사상에 대한 발군의 분석을 이루어냈다. 그는 법가요 간단하고도 냉정한 말을 하기 좋아하는 사람이었다. 그래서 토론의제를 제기하면 모든 것을 사실대로 기록했다. 그는 이렇게 말한다.

"사람에게 화가 닥치면 마음에 두려움이 생기게 된다. 마음에 두려움이 생기면 행동이 바르고 단정하게 된다. 행동이 바르고 단정하게 되면 생각은 심사숙고하게 되고, 심사숙고하면 사물의 바른 이치를 깨닫게 된다. 행동이 바르고 단정하게 되면 화가 사라진다. 화가 사라지면 하늘이 정한 수명을 온전히 누리게 된다. 사물의 바른 이치를 깨닫게 되면 반드시 성공하게 된다. 하늘이 정한 수명을 온전히 누리게 되면 행동이 완전하며 장수하게 된다. 성공하면 부와 명예를 얻게 된다. 장수와 부와 명예란 전부 복을 가리켜 하는 말이다. 그런데 이 복은 본래 화에서부터 시작되었다. 그러므로 '화여, 복은 그대 안에 숨어 있다.'라고 하는 것이다. 화로 인해 성공을 거두게 되었기 때문이다.

사람이 복을 받으면 부와 명예도 따르게 된다. 부와 명예가 따르면 의식주 생활이 좋아지고, 의식주 생활이 좋아지면 교만한 마음이 생긴다. 교만한 마음이 생기면 사악한 일을 행하며 바른 이치를 버리게 된다. 사악한 일을 행하면 요절해 죽을 위험이 생긴다. 바른 이치를 버리면 성공할 수 없다. 무릇 안으로는 요절할 위험이 도사리고 있고 밖으로는 성공할 기미가 보이지 않는 것을 큰 화라고 한다. 그러나 이 화는 본래 복에서부터 시작되었다. 그러므로 '복이여, 화는 그대 안에 숨어 있다'라고 하는 것이다. 人有禍, 則心畏恐; 心畏恐, 則行端直; 行端直, 則思慮熟; 思慮熟, 則得事理. 行端直, 則無禍害; 無禍害, 則盡天年, 得事理, 則必成功. 盡天年, 則全而壽. 必成功, 則富與貴. 全壽富貴之謂福. 而福本於有禍. 故曰: "禍兮福之所倚." 以其成功也. 人有福, 則富貴至; 富貴至, 則衣食美; 衣食美, 則驕心生; 驕心生, 則行邪僻而動棄理. 行邪僻, 則身死夭; 動棄理, 則無成功. 夫內有死夭之難, 而外無成功之名者, 大禍也. 而禍本生於有福. 故曰: '福兮禍之所伏.'"

이 말을 듣고 나서, 더 보충하고 싶은 말이 있는가? 아마도 없을 것이다.

만일 그래도 보충을 해야 한다면, 이 사상은 오늘날의 관점에서 볼 때 인간에게 강한 위기의식과 강인한 인내심을 키워주는

데 아주 적합한 이론이라는 것이다. 평화의 나날이 길어진다고 전투마를 전부 남산에 풀어버리지 않고, 풍부한 가산으로 기상을 잃어버리고 함부로 인생을 낭비하지 않는 삶, 또한 매번 좌절 앞에서 물러서지 않는 용기로 나아가며 성공하고 나면 자신을 경계할 수 있는 삶, 이 모든 것이 우리를 깨어 있게 하는 방법이다. 물론 다른 면에서 볼 때, 때로 이 사상은 우리에게 자주 나쁜 방향으로 발전해가는 타성에 안주하는 핑계거리를 제공해주기도 한다는 것이다. "저 사람은 지금 행복을 누리고 있지만 좋은 날도 금세 지나고 말 거야. 지금 웃고 있어도 나중에는 좋은 구경거리가 될 거라고."라고 말이다. 그러므로 혁명성을 가진 변혁은 모두 무모한 돌진이거나 조급한 돌진이다. 우리는 무모한 돌진 대신 사물의 또 다른 발전현상을 기다리며, 복으로 시작해 화로 끝나는 그 자연스러운 붕괴과정을 살피고, 또 내가 언제 어떻게 복 없는 삶에서 복 있는 삶으로 변해 가는지 기다리도록 하자.

우리의 전통을 되돌아보면 수많은 장점이 게으른 후손들에 의해 짓밟혀왔다는 사실을 인정하지 않을 수 없다! 어떤 이는 서양에도 비슷한 유의 이야기가 있다고 한다. 예를 들어 고대 그리스의 한 시인은 '하늘은 사람에게 한 가지 기쁨을 줄 때 반드시 두 가지 근심을 딸려 보낸다'고 얘기했으며 '위장된 축복blessings in disguise'이라는 속담도 있다. 행복이 불행으로 바뀔 때 이런 말로 자기 위안도 하고 다른 사람을 위로하는 것은 인지상정이다. 이런 말들이 아주 틀렸다고 할 수는 없다. 그러나 "평강과 위기는 서로 뒤바뀌며 화와 복은 서로의 발전에 영향을 끼친다."라는 중국인의 말과, "얻은 것 같지만 잃어버렸고, 잃은 것 같지만 얻었다."는 서양인의 말이 서로 동일한 인간상을 반영하는 것 같기는 하지만, 실제로는 쳰중수錢鍾書 선생이 한 말이야말로 정곡을 찌른 말임을 깨달아야 한다.

"'복이여, 화가 매복해 있다.'라는 말은 자신과 남을 경계하는 말일 뿐 아니라 많은 것을 얻은 사람을 질투하고 타인의 불행을 보고 기뻐하는 사람들을 경계하는 말이기도 하다.《관추편管錐編》2권)" 이것이 바로 우리가 말하고 싶은 요지다. 행복은 게으른 자들에 의해 짓밟히기 쉽다는 뜻이다.

禍兮, 福之所倚; 福兮, 禍之所伏. 孰知其極? (58章)

- 伏　숨어있다
- 極　끝. 여기서는 결국을 말한다.

화여, 복은 그대 안에 기대어 있다. 복이여, 화는 그대 안에 숨어있다. 누가 그 결말을 알리요? (58장)

백 리 가려면 구십 리가 절반

일의 끝에도 시작과 같은 신중함이 있다면 실패하지 않을 것이다.

愼終如始, 則無敗事

어떤 일을 하건 간에, 반드시 시작과 끝이 좋아야 한다. 이것은 삼척동자도 잘 알고 있는 이치다. 고대사회에 비하자면 현대과학은 눈부신 진보를 이루었지만, 의학은 사람의 대뇌의 용량과 지적수준이 고대나 지금이나 별반 차이가 없다고 증명하고 있다. 그러므로 현대의 상황은 고대에도 적용할 수 있고, 우리는 노자 시대의 삼척동자도 이 도리를 잘 알고 있었으리라고 추측할 수 있다. "시작을 신중히 하고 끝도 최선을 다한다면, 결국 어려움에 처하지 않을 것이다." 같은 유의 격언은 각 시대의 사람들이 항상 사용하는 숙어가 되었다는 사실이 이 상황을 잘 증명해준다.

그러나 말 한 마디를 황금처럼 여기는 노자가 왜 자신의 잠언에 이런 상식적인 말을 끼워 넣은 것일까? 이유를 따져보자면 대답은 아주 간단하다. 즉 일부 성인들은 좋은 집이나 맛있는 음식, 좋은 옷, 아름다운 이성 등 모든 것을 부족함 없이 갖추고 있었지만, 상식이 부족한 경우가 많았기 때문이다. 그들에게는 이 상식이 절실히 필요했던 것이다.

예를 들어 위대한 업적이 있는 성군들도 집착하는 것이 있었는데, 명예에 혹은 이익에 집착하느라 "유위의 태도로 천하를 다스리는 사람은 반드시 실패하며, 이런 태도로 천하를 집정하는 자는 반드시 천하를 잃게 된다. 爲者敗之, 執者失之"라든가, "무위하면 실패함이 없고 차지하려 하지 않으면 실패함이 없다. 無爲故無敗, 無執故無失" 등의 도리에 대해서는 전혀 관심 밖이었다. 일을 벌이고 싶은 마음이 너무나 앞서면 자신도 모르게 평정을 잃어버리고 냉정한 마음으로 사태의 추이를 지켜보기가 어렵게 된다. 때로는 눈앞의 성공에만 급급해 뜨거운 죽도 단번에 후루룩 삼켜버릴 정도로 성질이 급해진다. 그들은 로마가 하루아침에 건설되지 않았고 만리장성도 하룻밤에 쌓아지지 않았으며, 거목은 어린 싹에서 시작하고 보루는 흙 쌓기에서 시작하며, 천리 길도 한 걸음부터라는 사실을 까맣게 잊고 있었다. 결과적으로 이것저것 닥치는 대로 손을 대다보면 진퇴양난의 낭패지경에 빠지게 되었다. 그들은 사건이 터지기 전에 침착한 계획을 하지 못하고 재난이 발생한 후에야 대응책을 마련하기 급급했다. 노자가 볼 때 이 모든 것은 성숙하지 못한 일처리 방법이며, 당연히 성숙하지 못한 정치였다.

어떤 이는 좀 나은 편이라 시작은 좋았지만, 좋은 결말을 맺지 못해 결국 용두사미가 되었다. "백 리 길에서 구십 리가 절반"이라는 말은 정말 맞는 말이다. 그렇게 고생스럽게 쌓은 기초도 하루아침에 무너질 수 있기 때문이다. 춘추전국시대 제후들은 건국과 멸망이 시계추처럼 빨랐다. 어떤 나라의 멸망사는 향 한 개를 다 태우기도 전에 이야기를 다 끝낼 수 있을 정도였으니, '5대 황제면 목이 잘려 멸망했다'는 등의 역사는 이야기가 끝나기를 기다리려면 지루해 몸이 배배 꼬일 정도였다. 왕조가 멸망하게 되는 원인은 좋은 시작은 있되 좋은 결말이 없기 때문이었다. 조상들에게 자랑스럽게 아뢸 위대한 공적이 이제 막 완성되려는 찰나, 역사에 아름다운 미명이 막 드리워지려는 찰나는 바로 당사자의 머리가 가장 흐릿해질 순간이다. 그 모습은 마치 아직 평안한 여생을 즐길 준비도 다 되지 않았는데, 과거에 한 고생들을 회고하며 으쓱하는 것과 같다. 이런 사람이 실패하지 않으면 귀신도 어리둥절하겠지.

노자는 이런 사람과 이런 일들을 너무나 많이 경험했다. 그래서 그 '성인님'들께 간곡히 권고하는 것이다.

"여러분, 경고합니다. 성공하기 가장 쉬운 여러분, 하지만 실패하기 가장 쉬운 것도 여러분입니다. 절대 다수가 가장 쉽게 성공할 수 있는 여러분, 하지만 가장 쉽게 처참한 실패를 할 수 있는 것도 여러분입니다."

백성들의 삶을 가지고 이야기 한다면, 이런 예는 어떨까? 한 울에 돼지새끼들을 풀어 기르면, 처음에는 포동포동 살이 포동

포동 찐다. 하지만 조금만 돌봐주기를 소홀히 하면 어느 새 울타리를 부수고 사방팔방으로 도망쳐 버리는 등, 머리 아픈 일이 한두 가지가 아니다.

오늘날에도 비슷한 상황은 여전히 계속된다. "이렇게 아름다운 강산아, 기어이 저 도둑의 손에 넘어가는구나."라는 사람들의 자조 섞인 한탄을 들을 때, 우리는 어떻게 해야 할까? 어떤 사람은 지능지수도 높고 감성지수도 꽤 높아 똑똑해 보이는데 일을 할 때는 마치 곰처럼 미련하기 그지없다. 그들이 《노자》를 읽는다면, 아무리 시작이 좋아도 마무리가 좋지 못하면 자기에게 정말 미안할 일을 하게 된다는 걸 알게 될까? 그리고 자기 뿐 아니라 자꾸 자기와 비교되는 곰에게까지도 미안할 일을 하게 된다는 걸 알까, 모를까?

民之從事, 常於幾成而敗之, 愼終如始, 則無敗事. (64章)

• 幾 거의, 이 구절은 백서 을본에는 '民之從事也, 恒於幾其成而敗之'라
고 적고 있다. 고대에 '기其'와 '기幾'는 서로 통했다.

사람들이 하는 일은 항상 성공하려는 찰나에 실패하고 만다. 일의 끝에도
시작과 같은 신중함이 있다면 실패하지 않을 것이다. (64장)

상서로운 세 가지 보물

자애로우면 전쟁에서 승리할 수 있고, 견고하게 지킬 수 있다.

夫慈以戰則勝, 以守則固

《노자》의 전편을 훑어봐도 '나'를 직접적으로 언급한 곳은 아주 적다. 어쩌면 자신이 강조하는 물건을 특별히 인정하고 자기가 최고라고 여겼던 탓일까. 본편에서는 아주 직접적으로 '나'를 이야기하기 시작한다. 그는 '나'에게 세 가지 보배가 있는데 이를 아주 소중히 여기며 잘 간직하고 있다고 한다. 그 중 첫째는 자애, 둘째는 검소, 셋째는 천하 사람들의 앞자리에 처하지 않는 것이라고 한다.

고대 사람들은 윗사람이 아랫사람을 사랑하는 것을 가리켜 '자애'라고 했으며, 부모가 자녀를 사랑하고 이롭게 하는 것을 '자애'라 했다. 이후에 자애는 사랑하고 아끼는 것과 인애를 가리키는 말이 되었다. 예를 들어 《한비자》 해노解老에서는 "자녀를 아끼고 사랑하면 옷과 음식이 끊이지 않도록 한다. 자신의 몸을 아끼고 사랑하면 법도를 떠나지 못하고, 질서를 아끼고 사랑하면 규범을 버리지 않는다. 慈於子者不敢絶衣食, 慈於身者不敢離法度, 慈於方圓者不敢舍規矩"라고 한다. 이 방면에서 특출 난 재능을 발휘하는 사람은 군자라 불리는 사람이다. 그러므로《장자》천하에서는 "자애와 어짊이 배인 자를 군자라고 부른다. 薰然慈仁, 謂之君子"라고 말한다. 옛 사람이 볼 때, 상고시대의 세 왕조와 요순의 감화는 이 자애와 어짊의 덕에 지나지 않았다. 노자 역시 이런 의미에서 두 번이나 '자애'를 언급한다. 예를 들어 "육친이 불화할 때 효도와 자애가 드러난다(18장)" "속임수를 그만두고 이익을 버릴 때 백성은 효도와 자애를 회복하게 된다. 絶僞棄利, 民復孝慈(19장)"등이다. 그러나 그의 시선은 독특하고도 날카로운 통찰력을 보인다. 그가 말하는 '자애'는 한없이 부드럽기만 한 자애와 인자함이 아니라 일종의 자애로운 용감함이기 때문이다. 심지어 오직 자애로울 때만이 용감할 수 있다고 여긴다. 우리는 여기서 본질로 돌아가 사색을 해 볼 수 있다. 천하의 어머니가 자신의 아이들을 보호하기 위해 표현하는 두려움 없는 기개를 보기만 해도 알 수 있을 것이다. 한 사람의 마음속에 깊은 사랑과 연민이 있을 때, 그는 얼마나 용감하고 두려움 없는 자로 변하는가? 이 자애를 의지해 전쟁하면 반드시 승리하게 된다. 이 자애를 의지해 수비를 하게 되면 반드시 지킬 수 있다. 우리는 모두 하늘에는 생명을 살리는 덕이 있다는 것을 알고 있다. 노자는 하늘이 만약 물과 불에서 사람을 건지려면 이 자애와 어짊을 사용한다고 말한다.

그 다음은 검소다. 유용하지만 전부 다 사용하지 않는 것을 '검소'라고 한다. 이에 대해 《한비자》 해노는 매우 정확한 설명을 하고 있다.

"지혜로운 선비가 그 재물을 검소하게 사용하면 집안이 부유해지고 성인이 그 정신을 아끼고 사랑하면 정기가 왕성해지며, 백성의 군주가 그 군사를 중시하며 전쟁을 하면 국민이 늘어나고, 국민이 늘어나면 나라가 확장된다. 智士儉用其財則家富, 聖人愛寶其神則精盛, 人君重戰其卒則民衆, 民衆則國廣"

그 시대의 군주들이 사치와 화려함이 극에 달한 생활을 했던 것을 생각할 때, 검소의 미덕은 매우 드문 것이었다. 노자는 검소한 사람은 크고 넓어질 수 있고, 넉넉하고 여유로운 경지에 이를 수 있다고 한다. 검소의 미덕을 버리고 넉넉하고 여유로워지려는 것은 말도 안 되는 이야기다. 그러나 유감스러운 것은 역사상 그의 말에 따라 실천한 제왕은 몇 명 되지 않는다는 것이다. 그렇게 사치할 조건이 안 되었던 제왕 몇 명을 제외하고는 절대다수가 쓰고 싶은 만큼 물 쓰듯 돈을 썼고 어떤 이는 아예 천하 백성들의 이익을 위한다는 명분까지 내세웠다. 세계적인 범위에서 본다면 '경제'라는 말은 본래 절약과 검소의 뜻을 포함하고 있는데도 말이다. 일부 사람들은 세계의 조류는 아니더라도 조상들의 가르침조차 제대로 알지 못하고 있으니 노자가 이것을 본다면 땅을 치고 한탄할 것이다.

마지막 보배인 '천하 사람들의 앞자리에 처하지 않는 것'은 사실 뒷자리에 처하는 도리를 말하는 것이다. 노자는 이 도를 아주 중시하여 '자신을 뒤에 둠으로써 오히려 타인보다 앞서는 기회를 얻는다(7장)'는 진리를 추종했고, '타인에 앞서고자 하는 자는 반드시 자신을 그 뒤에 두어야 한다(66장)'고 주장했다. 여기서 '천하 사람들의 앞자리에 처하지 않는 것'이란 겸손한 처신을 하며 군중의 학생이 되어 그들에게 배워야 군중의 스승이 될 수 있다는 뜻이다. 그는 또한 우선 군중의 학생으로서 자신을 비우고 백성을 포용하며 겸허한 마음으로 섬기는 삶을 살 때, 백성의 스승이 될 수 있고 그때에야 비로소 '그들의 우두머리가 될 수 있다' 고 말한다. 이런 의미에서 그는 아주 크고 원대한 뜻과 목표를 두었음을 알 수 있다.

혹자는 '나무가 숲에서 뛰어나면 바람에 넘어지게 된다.'라는 문인들의 말이나 '사람은 이름이 나는 것을 두려워하고 돼지는 살찌는 것을 무서워한다'는 민간의 말을 떠올릴 것이다. 중국인들 가운데 불리한 일을 만나면 위축되고 뒤로 물러나는 이런 경향이 보편화된 후로부터 창조정신도 경시되었을 뿐 아니라 경쟁의식도 사라지게 되었다. 이것만 보아도 이 사상이 얼마나 부정적인 영향을 끼쳤는지 알 수 있다. 중국인들이 정말 타인보다 뛰어나기를 싫어하고 타인의 뒤에 서기만 좋아하며 정말 경쟁을 싫어하는지, 개척적인 일은 하기 싫어하는지, 그 진위 여부를 떠나 이런 말을 하는 사람들은 아직 세상을 접해보지 못한 사람임이 틀림없다. 적어도 지하철역에서 빈자리를 차지하기 위해 아저씨와 아줌마들이 서로 다투는 광경을 보지 못한 사람이다. 우리는 여기서 있는 그대로의 사실만을 가지고 이야기 하도록 하자. 경쟁의식이 부족한 죄목을 애꿎은 노자에게 뒤집어씌우지 말자. 그건 분명 노자를 오해한 것이다.

송대의 정치가 범중엄范仲淹은 《노자유룡부老子猶龍賦》에서 노자를 이렇게 찬양하고 있다. "누가 보배를 간직할 수 있으며 자애와 검소함의 보배를 오래도록 보존할 수 있을까? 모든 의문의 답안은 여기에 있으며 청정의 근본을 떠나지 않는다. 孰可伺珠, 長存慈善之寶; 全疑在沼, 不離淸靜之源" 지금은 누구나 자기만의 재주를 가지고 있고, 집안의 가보들도 몇 개씩은 가지고 있다. 이상 세 가지 보배를 알았다면, 당신은 과연 이 보배들을 손에 넣었는가?

我有三寶, 持而保之. 一曰慈; 二曰儉; 三曰不敢爲天下先. 慈
故能勇. 儉故能廣. 不敢爲天下先, 故能成器長. 今舍慈且勇,
舍儉且廣, 舍後且先, 死矣. 夫慈以戰則勝, 以守則固, 天將
救之, 以慈衛之. (67章)

【주석】

- 儉   있지만 다 사용하지 않는 것.
- 廣   넉넉하고 넓다. 왕필은 "절약하고 검소하며 낭비하지 않아 천하에
   부족함이 없고 그러므로 넉넉해진다."고 주석을 달았다.
- 器長   만물의 우두머리
- 器   사물, 즉 만물.
- 且   '이而'를 말한다.
- 以戰則勝   박혁본과 범응원본에서는 '以陳則正'이라고 적고 있다. 범
   응원은 "'진陳'의 음은 '진陣'과 같고 뜻은 군대 대오의 열을 말한다"고
   주석을 달았다.

【해석】

내게는 보배 셋이 있어 이를 잘 간직하고 지킨다. 첫째는 자애이며, 둘째는
검소, 셋째는 천하 사람들의 앞자리에 처하지 않는 것이다.

자애롭기 때문에 용감할 수 있으며, 검소하기 때문에 넉넉하고 여유로울
수 있다. 천하 사람들의 앞자리에 처하지 않기 때문에 만물의 우두머리가
될 수 있다.

지금 시대는 자애는 버리고 용감하기만 하며, 검소는 버리고 크고 넉넉하
기만 하며, 양보는 버리고 경쟁만 하니 죽음을 향해 가고 있구나!

자애로우면 전쟁에서 승리할 수 있고, 견고하게 지킬 수 있다. 하늘이 사람
을 구할 때도 자애로써 돕는다. (67장)

부드러운 방식의 용감함

부드러움에 용감하면 살게 된다.

勇於不敢則活

노자는 많은 말을 했지만 사람들은 한 번 들어서는 잘 알아듣지 못했다. 예를 들어 '용감; 용기 있게 행하다'라는 이 말의 분석 역시 마찬가지였다. '용감함'은 충동적이며 모험적이어서 쉽사리 생명에 위급한 상황을 초래한다. 그래서 용사들은 전장에서 죽는 등 평안한 인생결말을 맞지 못하게 되는데, 이런 것을 가리켜 '해害'를 받았다고 말한다. 용감하지 않은 사람은 모든 일에 두려움이 많아 뒤로 물러선다. 그래서 화를 멀리하면 백 살까지 장수를 누릴 수 있다고 하는데 이런 것을 가리켜 '이익'을 얻는다고 한다. 우리는 용감함에 대해 이렇게 이해하고 있다.

우리가 이해하는 바에 따르면, 산이 무너지고 바다가 솟아오르며 외적이 쳐들어 올 때 얼굴색 하나 변하지 않는다는 것은 절대 쉬운 일이 아니다. 그래서 사람들은 '용감함'에 관한 일이라면 입에 침이 마르도록 칭찬한다. 하지만 매사에 피하려고 하고 뒤로 물러서는 처세 태도, 혹은 난세에 목숨만 부지하려 한다거나 태평성대에 평범한 복만 누리려고 집안에 숨어 하루 세 끼 밥 잘 먹고 방안에서 뒹구는 생활태도는 별로 어려울 것도 없는 일이다. 게다가 이런 삶은 '용감함'처럼 기개 넘치는 좋은 단어의 빛을 바랠 뿐이니, '부드러움에 용감한 일' 따위가 어디 있단 말인가?

사실 집에서 태평한 나날을 보내는 것은 결코 노자가 말하는 용감이 아니라는 것쯤은 누구나 다 알 것이다. 그는 이런 저급한 수준에서 화제를 전개하려는 것이 아니다. 그는 보통사람들보다 더 많이 생각하고 더 많은 것을 내다봤다. 노자 시대 사회의 급박한 변화는 급격한 구조변화를 가져왔고 각 개인의 인생에도 크나큰 영향을 끼쳤다.

야심에 찬 수많은 군주가 왕위에 올라 건국의 공을 세우기 원했으며, 집도 없고 절도 없는 여러 선비들은 안정적인 밥그릇을 얻기 원했다. 그러므로 사람들은 너나 할 것 없이 이기심에 사로잡힐 수밖에 없었다. 전체 사회의 기풍은 엉망진창이 되어 역사서에는 "위도 분명하지 않고 아래도 바르지 않으며 제도도 서지 않고 기강도 사라지고 제멋대로가 되었다." "군자는 예의를 지키지 않고, 소인은 법을 지키지 않았다. 君子犯禮, 小人犯法(순열荀悅의 《한기漢紀》)"고 말한다. 이런 이유 때문에 예의와 신용을 중시하는 일과 제사와 예물에 관한 의식 등에 대해 말하는 사람은 별로 없었다. 종족과 씨족, 부고訃告와 책서策書에 관해 이야기하는 사람도 별로 없었다. 비록 이런 것들이 본래는 국가의 대사였음에도 불구하고 말이다. 이걸 어떻게 해석해야 할까? 눈앞에 큰 이익이 있기 때문에 수많은 사람의 마음속에는 이미 거리끼는 것이 사라진 것이다. 머릿속에 이익만 골몰하다보면 마음에는 공경해야 할 신의 자리를 잃어버리게 된다. 개인이익의 극대화를 실현하기 위해, 이런 사람들은 무슨 일이든 거리낌이 없었다. 그래서 그 당시에 '용감함'이란 보기 드문 일이 아니었다. 반면, 경외감이란 것을 가지고 하지 못하는 행동들은 사라지게 되었다. 특별히 다른 사람이 권세와 이익을 쟁취하기 위해 '용감하게' 행동할 때, 그런 일을 '용감하게 하지 않는 부드러움이 있다'면 감탄을 터뜨릴 만한 일이 아닐 수 없었다.

노자는 이런 의미에서 '용감하게 하지 않는 일'을 인정했다. 그는 "부드러움에 용감하면 살게 된다."고 말한다. 이 말은 구차하게 목숨이나 구하자는 말이 아니라 이기적인 욕망 때문에 사람들이 달려가는 곳에 같이 뛰어들지 않고, 매사에 겸손하고 타인의 뒤에 거하겠다는 뜻이다. 타인이 명예와 이익을 다툴 때 사뭇 두려운 마음을 가지고 피하며, 해서는 안 될 일들은 하지 않는 자만이 삶속에서 자신만의 여유로운 대처방식과 내면의 여유로운 비상을 보장받을 수 있다. 또 이로써 자신의 '삶'이 '다른 세상'에서 존재한다는 꿈같은 감상을 나타낼 수 있다. 76장에서 그는 이렇게 말한다. "딱딱함은 죽음의 특징이요 부드러움은 생명의 특징이다. 堅强者死之徒, 柔弱者生之徒" 이전에 이미 67장에서 언급한 '천하 사람들의 앞자리에 처하지 않는 것'도 사실은 똑같은 이치다.

　노자의 말은《묵경墨經》의 말을 떠올리게 한다. "용감함이란 의지의 용감함을 말한다. 용감하게 이런 유의 일을 행하는 자를 이 이름으로 부르나, 용감하게 저런 유의 일을 하지 않는다고 해서 용감하지 않다고 할 수는 없다. 勇, 志之所以敢也. 以其敢於是也命之; 不以其不敢於彼也害之"

　만일 이 판단이 정확하다면, 명예와 이익을 추구하는데 용감하게 하지 않는 사람이 이 일에서는 용감하지 않은 사람이라 할지라도 다른 일에서 있어서도 용감하지 않은 사람이라고 말할 수는 없다. 노자의 철학이 우리들의 흥미를 끄는 이유가 여기에 있다. '용감하게 행하는 일'이 긍정적인 의미를 가지고 있다는 건 우리 모두 알고 있다. 그에 비해 '용감하게 하지 않는 일'은 더욱 큰 가치를 가지고 있다는 것을 알게 되는 순간, 우리는 감탄하지 않을 수 없게 된다. 노자의 견해는 이렇게 창조적이다. 이뿐 아니라 이미 느꼈겠지만 공자와 맹자로 대표되는 유가철학과 비교해 볼 때 노자와 장자로 대표되는 도가의 학설은 집요한 질문과 냉철한 비판정신으로, 철학정신에 더욱 가깝게 느껴진다.

勇於敢則殺, 勇於不敢則活. (73章)

- 敢　여기서는 폭력적인 강함을 말한다.
- 不敢　여기서는 부드러움을 말한다.

강함에 용감하면 죽게 되고 부드러움에 용감하면 살게 된다. (73장)

인도주의와 하늘의 도

세상의 법칙은 부족한 자의 것을 빼앗아 많은 자에게 준다.

人之道, 損不足以奉有餘

.

"인도주의는 해외에서 수입된 개념이다. 인도주의는 차별 없이 각 개인을 존중하므로 결과적으로 개인은 하나같이 입맛을 맞추기 어려운 존재가 되고 각자는 자신의 권리 보호에만 극히 민감하게 되었다."

이건 물론 일부 동양인들의 거칠고 조악한 의견이다. 실제로는, 자신의 권리를 보호할 줄 아는 사람들이 타인의 권리를 보호하는데도 민감하기 때문이다. 영국의 철학자이자 사회과학자인 허버트 스펜서 *Herbert Spencer*는 이렇게 말했다. "모든 사람이 자유롭지 않는 한 완전히 자유로울 수 있는 사람은 없다. 모든 사람이 완전히 도덕적이지 않는 한, 완전히 도덕적인 사람은 없다. 모든 사람이 완전히 즐겁지 않는 한, 완전히 즐거운 사람은 없다." 타인을 존중할 때만이 나 자신도 타인의 존중을 받게 되는 것, 이

것이 가장 중요한 원리다.

그러나 노자의 시대에는 이런 인도주의가 없었다. 차등이 없이 모든 사람을 존중한다는 것은 잠꼬대에 불과했다. 그러면 그 시대의 인도주의인 '사람의 도' 즉, 사람이 준수하는 사회의 일반적인 준칙은 무엇이었을까? 노자는 긴 호흡을 필요로 하는 토론은 하지 않았다. 노자 자신이 할 말만 하는데 이미 습관이 되어서인지 아니면 이 혼란한 세상에 얼굴을 돌리고 더 이상 말도 하고 싶지 않아서인지 모르겠지만 말이다.

"그래. 지금 벌써 이렇게 빈부 격차가 심해지고, 공도公道도 사라진 마당에 무슨 이야기를 하겠어? 그래도 해야 할 말이 있다면 어떤 사람들은 너무 일을 열심히 하려고 한다는 거지. 일을 하되 너무 자기 공적에만 집착한다고. 그 공적에 집착하는 그 순간 그 사람은 독선과 오만에 빠지게 되는데." 사실, 이렇게 말하는 사람이 있다면 그는 인도주의자가 아니다. 만일 그들이 "내가 하고 있는 일이 바로 인도주의적인 일이다."라고 주장한다면 노자는 인도주의가 하늘의 도보다 좋을 게 과연 뭐냐고 반문한다.

노자의 말을 믿지 못하겠거든, 활 당기기로 비유를 들어보자. 활을 당기기 전에 두 활 끝 사이의 거리는 활 등에서 활현 사이의 거리보다 훨씬 길다. 그러나 활을 당기면 위쪽의 활 끝은 자연히 내려오고, 아래쪽의 활 끝은 그와 동시에 올라가게 된다. 활의 길이는 줄어들고 너비는 넓어지게 된다. 그 상황은 활을 당기기 전 넉넉했던 활의 길이로 부족했던 활의 너비를 채워준 것과 같다.

하늘의 도도 이와 같아 여유가 있는 것은 줄이고 부족한 것을 보충한다. 그러나 사람의 도는 반대로 부족한 자의 것을 빼앗아 넉넉한 자에게 준다. 이를 설명하며 노자는 다시 한 번 분노한다.

사실 인도주의를 추구하는 서양이라고 해서 인도주의적인 사랑이 넘쳐나는 것은 아니라는 점을 짚고 넘어가자. 오히려 문제도 아주 많다. 《신약성경》의 4복음서만 읽어봐도 "있는 자는 더 받을 것이되, 없는 자는 그 있는 것도 빼앗기리라." 라는 '마태의 법칙'이 존재함을 알 수 있듯이, 이 세계에는 양극단이 동시에 존재하고 있다.

그러나 그럼에도 불구하고 노자는 초도덕주의자는 아니었다. 그는 자신이 겨우 가지고 있는 부족한 것으로 천하를 섬기고 자신은 사람들 몰래 고픈 배를 움켜쥐라고 요구하지 않았던 것이다. 오히려 그는 말한다. "누구든지 자신의 풍족한 것을 가지고 와 천하에 주면, 그는 도를 아는 사람이다. 또한 도를 아는 사람만이 이렇게 할 수 있다."

이는 매우 깨어있으며 현실적인 판단이다. 이런 의의에서 볼 때, 노자는 사실 적극적인 이상주의자와는 거리가 멀다고 할 수 있다.

天之道其猶張弓與. 高者抑之, 下者擧之. 有餘者損之, 不足者補之. 天之道, 損有餘而補不足. 人之道, 則不然, 損不足以奉有餘. (77章)

【주석】

• 人之道 　인간사회의 일반적인 규율
• 奉 　주다

【해석】

자연의 규율은 활을 당김과 같지 않은가?

활 끝이 높으면 눌러서 낮추고, 낮으면 높이 올려야 한다.

너무 많이 당긴 것은 줄여주고 작게 당긴 것은 더 많이 당겨준다.

자연의 규율은 많은 것을 덜어 부족한 것을 보충해준다.

인간 세상의 법칙은 그렇지 않아 부족한 자의 것을 빼앗아 많은 자에게 준다. (77장)

《 2부 》

경쟁하지 말라

유쾌한 노자,
현대인과 소통하다

타인을 앞세우고 자신을 낮추라

성인은 자신을 뒤에 두어 오히려 남보다 앞서게 된다.

是以聖人後其身而身先

우리는 앞으로도 계속 노자의 변증법적 사상을 탐구해 나갈 것이다. 이 편에서 노자는 천하의 모든 사물이 '유와 무의 상호작용으로 탄생'한 것과 같이 '전'과 '후'의 개념 역시 긴밀하게 결합되어 있음을 알려주고 있다.(2장) 바로 그런 까닭에, 성공을 위해 노력하는 성인은 타인보다 앞선 기회를 얻기 위해 오히려 자신을 타인의 뒤에 두었으며, 심지어 한동안 자아를 망각한 채 지냈다. 이처럼 타인을 앞세우고 자신을 낮출 때, 그는 비로소 타인의 존경을 얻을 수 있고 무리의 지도자로 진심어린 추대를 받기 마련이다. 이때 그의 생명은 보호받고 위협은 사라질 뿐 아니라, 사람들의 진심에서 우러나오는 사랑과 존경을 통해 더할 나위 없는 위로와 기쁨, 평안을 얻게 된다. 하늘도 그를 불쌍히 여겨준다면, 마침내 그 사심 없는 행동 덕분에 그는 자신의 사심을 이룰 수 있게 된다.

만일 노자가 사람들의 사심을 받아줄 수 있다고 한다면 바로 이 정도가 그 한계일 것이다. 그래서 그는 '바다와 강이 세상 모든 하천의 왕이 될 수 있는 까닭은 낮은 곳에 거하는 데 능하기 때문'이라는 도리를 전하며, 이 진리를 다시 한 번 강조한다. 노자는 이렇게 해야만 누군가가 기세를 잡더라도 주변 사람들이 부담을 느끼지 않고, 심지어 앞선 기회를 잡은 사람이 나타나더라도 자기 이익이 침해받았다는 느낌을 받지 않을 거라 여겼다.

과거 노자의 이 주장은 매우 교묘한 처세술이요, 자기 공명과 이익추구를 감추고 있다는 비난을 받았다. 그러나 사실 노자는 사물을 정확하게 꿰뚫어 보고 인생의 이치를 알고 있었을 뿐이다. 한 번 생각해보자. 속마음부터 언행까지 모든 면에서 완전히 사심을 배제한다는 것은 얼마나 어려운 일인가? 이런 사례를 찾아보기 쉬울까? 그런 사람이 현실에 존재하기나 할까? 이런 인격의 경지에 이르려면 어떤 시련을 감내해야 할까? 이런 선한 뜻을 둔 사람은 별별 왜곡된 유혹과 상처를 참아내야 하고 심지어 사람들에게 비정상 취급을 받아야 할 걸 생각한다면, 이렇게까지 해낼 수 있는 사람이 과연 몇이나 될까? 우리는 자신과 비슷한 동류를 환영하기 마련이기에 이런 사람이 실제 존재한다는 것은 비현실적이라고도 할 수 있다.

그러므로 우리는 사람들에게 어떤 두려움도 가지지 말라고 강요할 필요가 없다. 인간에게 진정 필요한 것은 바로 하늘과 땅,

그리고 타인에 대한 외경畏敬이기 때문이다. 그렇다고 해서 사람들이 정말 일말의 사심도 없이 공적인 이익만 추구하도록 강요할 필요도 없다. 사람이 평생 겪게 되는 대부분의 일은 공적인 이익과는 관계없는 사소한 일들이며, 때로 공적인 이익은 너무나 쉽게 분별할 수 있어 그에 걸맞은 행동을 하기도 용이하기 때문이다. 오히려 공적인 이익과는 전혀 관계없는 사소한 일이야말로 우리를 아주 골치 아프게 만들 때가 많다. 회사에서, 사회관계 속에서, 명예와 이익을 추구하는 장소에서, 이런 상황은 날마다 반복된다. 그러므로 사람에게 있어 일말의 사심은 있어도 무방하며, 심지어 어떤 면에선 필요하기까지 하다. 한 사람이 너무 뛰어나면 주변 사람들은 불안감을 느끼게 마련이다. 자신이 너무나 별 볼일 없고 하찮은 존재로 여겨지기 때문이다. 어떤 이는 자신은 아무런 대가도 필요 없다고 선언할 수도 있다. 하지만, 다른 사람들은 어떻게 하란 말인가? 동료들, 친구들은 그를 어떻게 생각할까? 이런 삶이 계속되다 보면 분명 주변 사람들을 다 잃어버릴 것이다. 지지해 주는 사람도 없이 과연 나의 멸사봉공을 실천할 수 있을까?

물론, 노자의 정신을 진정으로 깨우친 사람이라면 자신은 너무 잘 나가는 초절정 인기를 누리면서 다른 사람은 계속 못 나가기만을 바라거나, 자신은 항상 스포트라이트 가운데 서 있으면서 다른 사람은 형광등 하나 켤 기회도 주기 싫어하는 식의 유치한 발상은 하지 않을 것이다. 명예를 얻었으면서 이익은 같이 나누기 싫어한다거나, 이익을 얻었으면서 자기 명예는 죽어도 포기할 수 없다는 사람이라면 같이 일하는 동료를 피곤하게 할 뿐이다. 또 이런 삶은 자신을 말려 죽이는 지름길이다. 당신은 시대를 앞서는 사상과 비범한 인격으로 대중을 인도하는 지도자가 아니다. 그저 몸만 앞서 있을 뿐이다. 게다가 이런 경우는 규칙은 위반한 채 몸만 앞서 있는 사람이 대부분이다. 그 결과, 스포츠 경기에서처럼 분명 혼자만 아웃당하고 말 것이다. 그때 가서 "자신을 뒤에 두어야 타인보다 앞서는 기회를 얻는다."라는 오묘한 진리를 절실히 깨달았다고 뉘우쳐 봐도 이미 엎질러진 물이다.

노자는 자신의 이익 추구에만 골몰하는 사람들을 이미 오랫동안 참고 경험했다. 우리는 그가 못 다한 이 이야기들을 어서 빨리 받아들여야 하지 않을까?

유쾌한 노자, 현대인과 소통하다

天長地久. 天地所以能長且久者, 以其不自生, 故能長生.
是以聖人後其身而身先; 外其身而身存. 非以其無私邪?
故能成其私. (7章)
是以聖人欲上民, 必以言下之; 欲先民, 必以身後之. (66章)

≪ 주 석 ≫

• 不自生   자신의 생명에 이기심을 가지지 않는다.

• 長生   장구長久를 가리킨다. 경용본景龍本, 차해본次解本, 오징본吳澄本, 구
재질본寇才質本, 위대유본危大有本에서는 모두 '장구長久'를 사용하고 있다.

• 後其身   자신을 뒤에 둔다. 백서 을본은 '퇴기신退其身'으로 기록하고 있다.

• 成其私   자신의 사사로움을 성취한다.

• 聖人   왕필본王弼本에는 이 두 글자가 빠졌다. 백서본, 경용본, 박혁본博
奕本, 하상본河上本 등 고본의 기재에 따라 추가해 넣었다.

≪ 해 석 ≫

하늘과 땅은 장구하다. 하늘과 땅은 스스로 살기를 바라지 않기에 장구할
수 있다.

도를 깨우친 성인은 자신을 뒤에 두므로 오히려 남보다 앞서는 기회를 얻
는다. 또한, 자신의 생사를 고려하지 않기에 오히려 생명을 보호받을 수 있
다. 이 모두가 사심을 버렸기 때문이 아닌가? 따라서 이들은 마침내 자신
이 원하는 바를 이루게 된다. (7장)

그러므로 도를 깨우친 성인이 백성의 지도자가 되기를 원한다면 반드시 겸
손한 언어로 백성을 대하여야 하며, 백성의 인도자가 되기 원한다면 자신
의 이익은 나중에 고려해야 한다. (66장)

❊ 물에게 배우다 ❊

최고의 선은 물과 같다.

上善若水

고대 그리스의 철학자 탈레스Thales는 물을 만물의 근원으로 보았고, 아리스토텔레스 역시 동일한 견해를 가졌다. 모든 생명체는 물을 통해 생명을 얻기 때문이다. 노자 역시 물을 좋아했다. 그는 지극히 선한 사람은 반드시 물과 같은 선량함을 가지고 있어야 한다고 생각했다.

그렇다면, 물의 선량함이란 무엇인가? 만물은 모두 높은 곳을 향하는데, 물만은 낮은 곳을 향한다. 만물은 쉬운 곳을 찾는데 물만은 위험한 곳을 찾고, 만물은 순응하는데 물은 역류하며, 만물은 깨끗한 곳에만 거하려 하는데 물은 더러운 곳에도 거침없이 거한다. 이것이 바로 '사람들이 원하지 않는 곳에 거한다'는 뜻이다.

노자의 눈에 비친 물은 비천한 곳에 기꺼이 거하면서도 심오한 깊이를 담고 있고, 만물에게 인애와 희생을 베풀어 준다. 또한 순식간에 거대한 흐름으로 불어나 큰 힘을 발휘할 수 있지만, 실수는 하지 않는다. 그 외에도 평온하고 자연 순응적이며 지형에 따라 모양을 이루는 등 물은 도의 세계를 가장 잘 드러내는 특성이 있다. 만일 물의 선량함에서 성공의 비결과 처세의 도리를 깨달을 수 있다면, 그로써 겸허하게 자신을 낮추고 측량할 수 없이 넓고 깊은 도량이 있으며 박애와 희생을 아낌없이 베풀고 한 번의 약속을 천금처럼 여기는 믿을 수 있는 사람이 된다면, 또한 올바른 품행으로 평범하고 소박한 정치를 행하며 자신의 이익을 다투는 대신 때에 따라 겸손히 자신을 굽힐 줄 안다면, 그가 바로 군자일 것이다.

그렇다. 자유자재로 굽히고 펼 수 있다는 것은 부드러운 유연성을 보여준다. 높은 곳을 피하고 낮은 곳에 거함은 온화함과 백성을 사랑하는 친밀함을 보여준다. 이런 사람은 어느 곳에 가든지 가는 곳마다 평화와 미덕을 실천해 많은 이의 사랑을 한 몸에 받게 된다. 그러므로 노자는 "바다와 강이 모든 하천의 왕이 될 수 있는 것은 낮은 곳에 거하는데 능하기 때문이다. 그러므로 모든 하천의 왕이 될 수 있다.(66장)"고 강조한다. 그러나 물은 유약하기만 한 존재라는 생각은 버리자. 노자는 물만의 또 다른 독특함을 지적하고 있으니까. 즉, 강한 것과 견고한 것을 파破할 수 있으며, 전진할 때에는 돌이킬 줄 모르고 앞만 향해 내달린다는 것이다. 이는 물만이 가지는 가공할 능력이다. 누가 물을 얕볼 수 있으랴!

　공자 역시 물의 숭배자였다. 《설원說苑》에는 그가 자공子貢의 질문에 대답하는 에피소드가 실려 있다. 그는 이렇게 대답했다. "무릇 물은 군자를 깨우쳐 자신의 덕행 수양이 어떠해야 하는지 비유해 주는 존재이다. 물은 세상에 널리 퍼져 만물에 생명을 공급하되 사사로움이 없으니 이는 군자의 덕과 같다. 물이 가는 곳마다 만물이 나고 자라니 이는 군자의 인애와 같으며, 낮은 곳을 향해 흐르고 자신이 거하는 곳에 따라 모양이 변하니 이는 군자의 의와 같다. 낮은 곳에서는 끊임없이 흘러가고 깊은 곳에서는 그 깊이를 측량할 수 없으니 이는 군자의 지혜와 같다. 깊고 깊은 심연을 향해 내달리면서도 조금도 의심하지 않는 것은 결단의 때에 단호하고 과감한 군자의 용기와 같다. 잘 구부러지며 작은 틈에도 스며들어 두루 미치는 것은 군자의 명민한 통찰력과 같다. 오명을 뒤집어쓰고도 묵묵할 뿐 자신의 억울함을 호소하지 않으니 넓은 도량은 군자의 포용력과 같다. 더러운 진흙과 모래와 함께 뒤섞일지라도 오수를 맑고 깨끗한 물로 가라앉히니 군자의 선한 영향력과 같다. 그릇에 담기면 반드시 수평을 이루는 것은 군자의 몸과 마음가짐이 바름과 같다. 가득 찼을 때 더는 탐욕을 부리지 않는 특성은 군자가 자신의 분수와 한계를 앎과 같다. 또한 어떤 곤경과 어려움을 당할지라도 반드시 동으로 흘러 바다로 향하는 모습은 군자의 백절불굴의 신념과도 같다. 이 때문에 군자는 큰물을 보면 자세히 관찰하는 것이다."

유쾌한 노자, 현대인과 소통하다

공자의 물 찬미론은 기본적으로 노자와 일치하다. 이 점만 보더라도 '인자는 요산이요, 지자는 요수다. 仁者樂山, 知者樂水'라고 한 군자의 근거와 물에 자신의 덕행수양을 비유한 군자의 근거에는 뚜렷한 공통점이 존재함을 알 수 있다.

오늘날의 관점에서 본다면, 물의 여러 가지 미덕 중에서도 오염물질을 받아들여 자정작용을 하는 미덕은 특히 실천하기 어려운 미덕이다. 이를 인간사에 옮기자면, 모든 일을 관용하고 이해하는 태도로서, 크게 칭찬받을 만한 일이다. 그래서 중국인은 항상 이런 말을 한다.

"물이 너무 맑으면 고기가 없고 사람이 너무 맑으면 친구가 없다." 서양속담에도 비슷한 말을 찾을 수 있다. "물이 얕으면 갈 수 있는 배가 없다. Where the water is shallow, no vessel will ride." 사람은 일생 동안 얼마나 많은 일과 사람들을 만나게 되나? 생명의 가장 깊은 심연에는 자연히 어두운 연기와 안개만 자욱하게 마련인데, 이를 포용하지 못한다면 인생을 살아갈 수 있을까? 따라서 포용과 관용은 우리 인생의 의무덕목이 아니라 필수덕목이다. 그러나 대다수 사람들은 이 점을 깨닫지 못한다. 모든 일에 포용하지 못함은 물론, 자신과 밀접한 관계가 있는 일일 경우에는 더더욱 관용할 수 없다. 결국 곤궁에 빠져 고립무원의 처지가 된다. 남자라면 따르는 친구가 없고 여자라면 반려자를 만나기 어렵다. 자신은 절대 흠이 없도록 거울에 천 번 만 번 비춰본들 뒤돌아서 보면 응해 주는 사람도 없고, 미친 듯이 주위를 헤매도 마음에 맞는 사람

하나 찾을 수 없다면 마음이 어떨까? 이런 불쌍한 남자와 쓸쓸한 여자의 처량함을 '고독'이란 두 글자만으로 형용할 수 있을까?

이런 관점에서 본다면 문화 역시 마찬가지다. 피차의 이해와 포용이 필요하다. 오늘날 우리는 이미 다국적 문화 속에서 살고 있다. 발전을 위해서는 자기 문화 속에서 발버둥치는 것만으로는 부족하며 다른 문화와 전통과의 교류가 필요하다. 어떤 이는 서양문화에 많은 단점이 존재한다고 비난하지만, 사실 동양 문화 역시 마찬가지 아닌가? 왜 우리는 여전히 자국의 문화에만 도취되어 벗어날 줄 모를까? 따라서 서로 다른 문화를 관찰할 때는 반드시 관용과 포용의 자세를 더해 장점을 배우고 단점을 직시할 수 있는 태도를 지녀야 한다. 이런 문화인식을 가지지 못한다면 그 문화가 왜 좋은지, 왜 나쁜지 영원히 알 수 없고, 그 단점을 피할 수 있는 방법도 영영 찾아낼 수 없다.

우리의 결론은 지극한 선과 지극한 미만을 추구하는 사람은 포용과 관용의 미덕이 부족하게 마련이라는 것이다. 자신의 순수성만을 추구하는 문화 역시 자신감의 포기나 넓은 관용의 아량이란 있을 수 없고, 다른 문화와 화목한 공존이란 존재할 수 없다. 결국 전세계 문화 속에서 버림받은 불쌍한 남자와 쓸쓸한 여자가 될 수밖에 없다. 이런 패배일색의 살풍경은 '황폐한 산이요, 홍수가 잦은 강'으로 형용할 수 있으리라.

上善若水. 水善利萬物而不爭, 處衆人之所惡, 故幾於道. 居
善地, 心善淵, 與善仁, 言善信, 政善治, 事善能, 動善時. 夫
唯不爭, 故無尤. (8章)

天下莫柔弱於水, 而攻堅强者莫之能勝, 以其無以易之. (78章)

【 주 석 】

• 上善若水   최고의 선은 물과 비슷하다.
• 幾   가까움
• 淵   고요하고 잔잔함
• 與   함께
• 政善治   정치에 있어 통달한 다스림에 능하다. 여기서는 무위無爲의 다
  스림을 말한다. '정政'은 왕필본에서는 '정正'으로 기록하고 있다. 그러나
  경용본, 박혁본, 소철본蘇轍本, 임희일본林希逸本, 범응원본範應元本, 오징
  본 및 다수의 고본에서는 모두 '政'으로 기록하고 있다. '政'과 '正'은 같
  다고 본다.
• 動善時   행동함에 있어 적당한 시기를 노리는데 능하다.
• 尤   원망과 허물.

【 해 석 】

최고의 선은 물과 흡사하다. 물은 만물을 이롭게 하면서도 만물과 다투지
않는다. 항상 사람들이 원치 않는 곳에 거하므로, 도에 가깝다. 거처에 있
어서는 옳은 곳을 택하며, 마음은 항시 고요하고, 사람과 함께함에 있어서
는 인의를 품으며, 말은 신용을 지키고, 다스림은 무위의 다스림이며, 일을
처리함에 있어서는 최선을 다하되 뽐내지 않고, 행동에 있어서는 적절한

시기를 포착할 줄 안다. 오직 타인과 다투지 않기 때문에 허물과 불평불만이 생기지 않는다. (8장)

천하에서 가장 부드러운 것은 물이다. 그러나 강하고 굳건한 것을 공격함에 있어서 물을 이길 수 있는 것은 없다. 이 세상의 어떤 것도 물을 대신할 수 없기 때문이다. (78장)

남과 경쟁하지 않음

오직 남과 다투지 않는 이유로, 천하에 그와 다투는 사람이 없다.

不爭, 故天下莫能與之爭

상고시대에는 사람은 적고 재화가 많았기 때문에 사람들은 경쟁할 필요가 없었다. 훗날 인구는 점점 많아지고 재화가 희소해지며, 많은 노력을 해도 얻는 것은 적어지자 경쟁이 시작되었다. 또한 사회의 집단 도덕규범과 행위준칙에도 변화가 생겨나기 시작했다. 《한비자》 팔설八說에서는 "상고시대에는 도덕을 다투었고 중간시대에는 지혜와 모략을 좇았으며 현재는 힘과 세력을 다툰다."라고 말하고 있다. 이 글은 당시 사회 현실을 부분적으로나마 반영하고 있다. 노자의 시대는 한비자의 시대와 비교하자면 완전히 '급박한 세대' '큰 경쟁의 시대'라고 할 수는 없지만, 세상의 어지러운 조짐은 이미 출현했고 뺏고 뺏기는 약육강식도 일어나기 시작했다. 이런 사회에서 살면서 경쟁하지 말라니, 그게 말처럼 쉬운 일은 아닐 것이다.

그러나 바로 그렇기 때문에 노자는 이것을 인생의 악을 꿰뚫어 내는 키워드로 삼고 수차례나 반복해서 말하고 있다. 그가 볼 때, "자연의 법칙은 서로 다투고 빼앗는 것이 아니기에 승리한다." 그러므로 인간의 도 역시 "자신의 최선을 다하며 다투지 않아" 하늘의 도에 부합해야 했다. 이를 설명하기 위해 그는 강과 바다의 비유를 들기 좋아했다. 강과 바다가 능히 허다한 시내를 아우를 수 있는 까닭은 바로 낮은 자리에 처하며 스스로 겸손할 줄 알기 때문이다. 그러므로 타인의 위에 군림하고 싶다면 반드시 먼저 타인을 겸손히 대해야 한다. 만일 타인의 앞길을 지도하기 원한다면 먼저 자신을 타인의 뒤에 숨겨야 한다. 이런 사람이라면 윗자리에 앉게 되더라도 백성들이 부담을 느끼지 않는다. 그가 보통 사람보다 더 풍족한 삶을 살게 되더라도 백성들은 자신의 이익이 침해받았다고 생각하지 않는다.

그 외에도 노자는 '백성들이 경쟁하지 않도록' 하기 위해, 반드시 '현명함을 숭상하지 않도록 不尙賢'해야 한다고 말한다(3장). 현명한 인재와 특별한 재능을 숭상하지 않아야 백성들은 현명하다는 명예를 얻고 특별한 재능을 드러내기 위해 머리채를 잡고 경쟁할 일이 없게 된다. 이렇게 되면 천하는 태평해진다. 똑같은 이치로, 장군은 용맹과 무예를 경쟁해서는 안 된다. 그와 반대로 타인의 날카로운 공격을 주의하며 적과의 정면대결을 피해야 한다. 또한 사람들을 기용하는 데 능하며 덕망이 높고 어진 사람을 예의와 겸손으로 대해야 한다. 이것 역시 일종의 '경쟁하지 않는 행동'이다. "바로 그에게 세상과 경쟁하지 않는 미덕이 있기 때문에 잘못이 없다. 夫唯不爭, 故無尤(8장)"라고, 세상 사람들과 경쟁할 이유가 없는 사람은 원망과 재앙이 닥칠 일이 없고 또 자신의 덕성을 나타낼 수 있기 때문에 최고의 도덕수준을 실현할 수 있게 된다.

공자 역시 '경쟁하지 않음'을 강조했다. 그는 '군자는 경쟁이 없다 君子無所爭《논어》 팔일八佾', '군자는 기품이 있고 경쟁하지 않아야 한다 君子矜而不爭《논어》 위령공衛靈公'라는 말도 했다. 그러나 타인과 선두를 다투지 않는데 중점을 둔 그의 말은 사람들이 현명함을 숭상하도록 하는데 목적이 있었다. 반면 노자는 타인과 뒷자리를 다투지 않고 자신이 뒷자리에 거할 것을 특별히 강조하므로 사람들이 현명함을 숭상하지 않도록 하는데 목적을 두었다. 하나는 덕을 강조하고 또 하나는 얻음을 강조한 것이다. 《여씨춘추》 불이不二에서 말한 "노담(老聃, 聃은 노자의 자)은 부드러움을 중시하고 공자는 인을 중시한다. 老聃貴柔, 孔子貴仁"라는 말을 생각해보면 정통적인 사상 가운데서 두 가지 사상이 세력의 충돌을 일으킨 듯하다. '경쟁하지 않는' 쪽이 부드러운 몸은 죽기 살기로 경쟁하는 것보다 훨씬 더 많은 것을 얻을 수 있는데, 공자는 이 도를 제대로 배웠는지 모르겠다.

오늘날의 세상은 어떤 의미에서 말하자면 일종의 급박한 세상이요, 쫓고 쫓기는 경쟁의 사회다. 사람들은 먹고 사는 문제 하나를 해결하기 위해 동분서주 뛰어다니고 푸른 하늘 한 번 쳐다

볼 시간 없이 살고 있다. 게다가 이렇게 아침저녁으로 타인과 다투고 경쟁하는 데서 그치지 않고 자신과의 싸움도 벌여야 한다. 날마다 어제의 나와 오늘의 나를 서로 비교하며 대질심문도 벌인다. 더 나아가 상상 속에서 그려진 내일의 나는 매번 오늘의 나를 거세게 채찍질하며 이렇게 말한다. "지금 이 자리라도 지키려면 죽을힘을 다해 노력해야 한다."

경쟁심 때문에 사람들은 마음의 평안과 여유를 상실하고 발은 더욱 종종걸음을 치며 얼굴은 점점 더 석고상처럼 변한다. 더 설명하지 않더라도 마음은 점점 더 초조하고 자신감을 상실하게 될 것이다.

일반적으로 사람은 욕구가 많아지면 많을수록 점점 더 외적인 가치에 치중하게 된다. 이는 모든 사람들이 동감하는 내용이다. 다만 잘못됐다는 것을 알면서도 고칠 힘이 없을 뿐이다. 출발을 알리는 총성이 울리기도 전에 조급한 마음으로 달려 나가다 보면 어느 때는 타인의 레이스를 달리면서도 그 사실을 깨닫지 못하기도 하고, 심지어 결승선이 어디에 있는지 차근차근 알아볼 마음의 여유도 없이 쏜살같이 내달리는 데만 열중하기도 한다. 이렇게 '경쟁하지 않는 미덕 不爭之德(68장)'이 부족하게 된 사회는 아마도 노자가 전혀 예상하지 못했던 일 일듯 싶다. 노자가 뭘 몰랐던 것이 아니라 이 세상이 너무나 빨리 변하고 있기 때문이다. 사실 우리도 알지 못하는 사이에, 수많은 일이 노자의 지식범위를 초월하고 있으니까.

유쾌한 노자, 현대인과 소통하다

　夫唯不爭, 故天下莫能與之爭. (22章)
　以其不爭, 故天下莫能與之爭. (66章)
　天之道, 不爭而善勝. (73章)
　天之道, 利而不害; 人之道, 爲而不爭. (81章)

【 주 석 】

・天之道　자연의 규칙
・人之道　금본에서는 '성인지도聖人之道'로 적고 있으나 백서 을본에 근거
　하여 수정했다.

【 해 석 】

　오직 남과 다투지 않는 이유로, 천하에 그와 다투는 사람이 없다. (22장)
　사람과 경쟁하지 않기에, 천하에 그와 경쟁할 사람이 없다. (66장)
　자연의 법칙은 서로 다투고 빼앗는 것이 아니기에 승리한다. (73장)
　자연의 법칙은 사물을 이롭게 하기에 해를 끼치지 않는다. 사람의 행사도
　자신의 최선을 다하며 다투지 않는 것이다. (81장)

전쟁은 상책이 아니다

병력으로 자신의 강성함을 천하에 자랑하려 들지 않는다.

不以兵强天下

뒷부분에서 이야기하겠지만 중국 고대사는 시종일관 분란과 전쟁이 그쳐본 적이 없는 전쟁의 역사였다. 하지만 고대 중국인들은 전쟁에 대해서 항상 부정적인 태도를 보였다. 뭘 통해 그걸 알수 있을까? 역대 사람들이 전쟁에 대해 쓴 글을 읽어보면 아주정확하게 알 수 있다. 이런 글들을 살펴보면 고대인들은 그 전쟁이 정당한 전쟁인지 아닌지에는 전혀 상관하지 않았다는 것을알 수 있다. 그들은 오직 전쟁의 잔혹함과 병사들의 고통만 끊임없이 강조했을 뿐이다. "전쟁에 능한 전투마는 전투로 죽고 오직어리석고 병약한 말만이 남아 전장을 배회하며 긴 울음을 우네. 梟騎戰鬪死, 駑馬徘徊鳴(한악부漢樂府《전성남戰城南》)"가 그렇고, "누런 흙먼지가 얼굴에 가득하지만 오래도록 전쟁을 해야만 하고, 전장에서 머리가 하얗게 세었지만 집으로 돌아갈 수 없네. 黃塵

滿面長須戰, 白髮生頭未得歸(영호초令狐楚《새하곡塞下曲》)"이 그러하다. 이런 전장의 참상에 대한 묘사 중에는 적에 대한 차별 없는 추모를 표하는 내용도 있어, 사실상 중국인들은 모든 종류의 전쟁을 반대한다는 입장을 잘 보여주고 있다.

노자 역시 이런 고대 중국인들의 전형이라고 할 수 있다. 그는 많은 경우 전쟁은 인류 욕심의 본질임을 꿰뚫어 보았다. 그래서 전쟁의 성질에 대해 논할 생각은 전혀 없었으며, 전쟁에 대한 자신의 반감만 집요하게 표명하고 있을 뿐이다. 같은 장에서 그는 이렇게 말하고 있다. "군대가 가는 곳마다 가시덤불만 생길 뿐이고, 큰 전쟁을 벌인 후에는 반드시 흉년이 일어난다. 師之所處, 荊棘生焉. 大軍之後, 必有凶年" 오늘날의 말로 표현하자면 전쟁이 경제발전을 가로막고 무고한 백성들만 고통스럽게 하며 심지어 자연환경까지 파괴한다는 이야기다. 이와 같은 한탄은 후대 문학가 왕찬王粲의《칠애七哀》"문을 나서면 보이는 것은 없고, 오직 백골이 넓은 들판을 덮었을 뿐. 出門無所見, 白骨蔽平原"나 조조曹操의《숭리행薨里行》"백골은 들에 널려있고 사방 천리에는 닭 우는 소리마저 끊어졌다. 白骨露於野 千里無鷄鳴"와 같은 시의 서곡이라고 할 수 있다.

바로 이런 입장에 기초하여 그는 아무리 전쟁을 하더라도 다음과 같은 원칙을 고수해야 한다고 주장한다.

"병력을 올바르게 사용하는 사람은 승리라는 목적 달성만을 추구할 뿐 무력으로써 자기 힘을 과시하려 들지 않는다. 목적을 이룬 후에는 자만과 허영에 들뜨지 말고 스스로를 자랑하지 않으며 교만과 자만을 해서는 안 된다. 승리라는 목적 달성도 어쩔 수 없는 상황에서 궁여지책으로 나온 것이므로 목적을 이루었다고 자기 힘을 과시해서는 안 된다. 善有果而已, 不敢以取强. 果而勿矜, 果而勿伐, 果而勿驕. 果而不得已, 果而勿强" 즉, 병력을 사용할 때는 자신의 목적만 이루면 되는 것이지 그것으로 자기 힘을 과시하려 들어서는 안 된다는 뜻이다. 목적을 이룬 후에는 반드시 교만하거나 자랑하지 말고 마음속에는 일종의 동정심과 불쌍히 여기는 마음을 품으며, 양심에는 정말 어쩔 수 없었다는 깊은 슬픔과 연민을 간직해야 한다고 말한다. 그중에서 그가 전쟁에 대해 가진 공평한 관점이 가장 잘 드러나는 대목은 '병력을 사용하는 이 일은 분명 보복을 초래하기 때문이다'라는 주장이다. 그는 이 점을 밝히며 우리들에게 생각할 기회를 제공한다. 이는 내가 타인의 부친을 살해하면, 그 사람 역시 내 아버지를 죽이고, 내가 타인의 형을 살해하면 그 사람 역시 내 형을 죽이는 것과 마찬가지 이치다. 일단 적군과 아군이 교전을 벌이게 되면 상황은 똑같이 반복된다. 군대는 험악하고 전쟁은 위험하며 승리하더라도 반드시 화가 기다리고 있는 이 일에서 우리는 얼른 손을 떼지 못한단 말인가!

물론 노자는 정당한 전쟁과 정당하지 않은 전쟁을 엄격히 구분 지으려 하지 않았지만, 그것이 그가 이 구분을 중시하지 않았음을 의미하는 것은 아니다. 오히려 "정당한 전쟁에 대해서도 유보적인 입장을 보였건만, 정당하지 못한 전쟁은 더 무슨 말을 하겠는가?" 라는 점을 더욱 부각시켜 줄 뿐이다. 전쟁은 이미 인류 역사상 가장 어리석고도 잔혹한 행위가 되었다. 전쟁의 발단을 일으키고 불의를 행한다면 자기가 저지른 죄의 대가를 치르고 결국 멸망을 자초하게 될 것이다. 이는 명약관화한 필연이다. 이런 일과 이런 사람에 대해 노자는 이미 더 이상 언급하고 싶은 흥미를 잃어버렸던 것이다.

以道佐人主者, 不以兵强天下, 其事好還. (30章)

• 還　보복하다. 간본에서는 이 구절을 '기사호其事好'라고 적고 있으며, 이
　　　장의 마지막인 '과이불강果而不强'의 뒤에 놓았다.

도를 사용하여 군주를 돕는 사람은 수중의 병력으로 자신의 강성함을 천
하에 자랑하려 들지 않는다. 병력을 사용하는 이 일은 분명 보복을 초래하
기 때문이다. (30장)

무기를 논하지 말라

승리한 후에도 득의양양해서는 안 된다.

勝而不美

중국은 고대로부터 무기를 발명해왔으며 그 유물은 오늘날까지 다수 남아있다. 《고공기考工記》등의 역사 기록에서부터 출토된 무기에 관한 고고학적 연구까지, 모든 자료를 망라해보면, 당시 무기제조에는 고대인들의 온갖 지혜가 배어 있다는 사실을 쉽게 밝혀낼 수 있다. 요즘 말로 하자면 최첨단 과학기술이 총동원된 셈이다. 그러나 노자가 볼 때 무기는 '불길한 물건'이기 때문에 아무리 좋은 무기라도 노자의 입에서 좋은 평가를 듣긴 어려울 것이다.

노자는 이런 자신의 주장을 같은 장에서 두 번이나 반복했다. 먼저, 사람들이 무기를 싫어하는 이유와 도를 아는 사람은 대부분 무기를 사용하지 않음을 설명하고, 무기는 결코 좋은 물건이 아니기에 군자가 사용해서는 안 된다고 거듭 말하고 있다. 이렇게 한 장에서 두 번이나 같은 내용을 중복한 경우는《노자》전 권 중에서도 거의 찾기 힘들다. 그 원인을 따져본다면, 노자가 자신의 생각을 특별히 강조하고 싶었다고 생각할 수밖에 없다.

그렇다면 무기는 정말 그가 말한 것처럼 "사람들이 싫어하는 물건이요, 도를 아는 군자들이 쓰지 않는 물건"인가? 중국 역사상, 주 왕조 붕괴 후 200여년의 춘추시대에 483차례의 전쟁이 벌어진 일, 제환공齊桓公, 진문공晉文公 등 '춘추 5패'가 무력을 숭상하며 자기 맘대로 세력을 불려나간 일, 각국 내부의 '공권력'과 '개인권력'이 갈등과 충돌을 일으킨 일 등을 살펴보면 사정은 꼭 그렇지만도 않다는 것을 알 수 있다. 주나라에서 춘추전국시대까지, 오늘날 출토되는 무기를 살펴보면, 큰 창, 작은 창, 큰 도끼, 작은 도끼 있을 건 다 있고, 단도, 칼, 미늘창, 장검 등 별별 무기가 고안되었다.

이 사실을 노자는 몰랐단 말인가? 당연히 말도 안 되는 이야기다. 그러나 그가 이렇게 말한 것은 사람들에게 더 높은 가치기준을 제시하기 위해서였다. 사람들에게 이 세계에는 도를 아는 사람이 있으며, 그들은 무기를 싫어하고 전쟁은 더욱이나 싫어한다는 것을 알리려 한 것이다. 혹은 어떤 종류의 사람이 무기를 싫어하는지, 전쟁을 혐오하는지 알려주기 위해서였다.

이 사실을 선언한 후에야, 무기를 어쩔 수 없이 사용할 경우에는 담담한 마음으로 사용하는 것이 최상이라고 말하고 있다. 어떤 것을 담담한 마음이라고 하는가? 기뻐하지 않고 즐기지 않는

유쾌한 노자, 현대인과 소통하다

다는 것이다. 즉, 만일 무기를 들고 전쟁을 하게 되었다면 핏발이 가득한 살기등등한 눈으로 싸우지 않도록 절대 조심해야 한다는 뜻이다. 그와는 반대로, 어쩔 수 없이 무기를 사용하는 마음, 마음속 깊은 곳으로부터 일어나는 전쟁에 대한 혐오감이 필요하다. 이렇게 할 때만이 승리를 했을 때도 득의양양하지 않을 수 있다. 당신은 본래 살인을 싫어하는 사람이었기 때문에 득의양양하지 않는 것이다. 살인을 좋아하는 사람이라면 세상 사람들을 깜짝 놀라게 할 위대한 성공은 거둘 수 없는 게 당연하다.

이런 글을 읽으며, 우리는 노자의 마음 깊은 곳에 자리 잡고 있는 무력감과 고통을 느낄 수 있다. 그러나 사람들을 죽였을 때는 애통한 마음을 가지고 전장에 나서며, 전쟁에서 승리한 후에는 장례의식으로 망자를 대우하라는 그의 주장이 사람들에게 무기와 전쟁에 관한 철저한 회의를 불러일으킬 수 있었을까? 자신이 성공했을 때 겸손하며 조심스러워 할 수 있고, 타인이 패배했을 때 불쌍히 여기며 기뻐하지 않는 것, 이 정도만 할 수 있어도 이미 덕성을 갖춘 사람이라고 할 수 있다. 그러나 노자는 반드시 마음에 애통하는 마음을 가져야 하며, 장례의식을 치러주어야 한다고 완강한 어조로 말한다. 이런 사람이 바로 전쟁시대에도 도를 알고 있는 도덕군자라 할 수 있기 때문이다.

무기가 일반적인 생산성 도구에서 갈라져 나와 황제黃帝가 천하의 질서를 재편성하기 위해 "습관적으로 창과 방패를 사용했던 瑞用干戈" 때까지, 전쟁은 고대 중국사에서 너무 자주 벌여져 후에는 별로 이상하지도 않은 사회현상이 되고 말았다. 사실, 그런 현상은 어디 중국뿐이겠는가? 무기 발전사는 어떤 의미에서 본다면 인류사회의 발전사를 대표한다고 할 수도 있다. 이는 고대에만 그랬던 것이 아니라 현대사회에 들어서서도 여전히 중대한 의의를 갖는 문화현상이라고 할 수 있다.

다만 이미 너무 많은 전쟁과 유혈분쟁이 일어났을 뿐이다. "한 장수가 세운 공로는 만 명의 병사들이 희생한 대가다."라는 말이 있듯이, 너무나 많은 영웅이 무기를 사용해 청사에 이름을 남겼으며 너무나 많은 군주가 뛰어난 재능과 원대한 책략을 통해서 후세의 존경을 받게 되었다. 이제는 우리 차례가 되었다. 우리는 검을 쟁기로 바꾸자! 쇠를 녹여 일용품을 만들자! 도덕군자인 노자도 무기에 대한 이야기를 안 할 수 없었다. 그러나 우리만은 다시 무기를 논하지 말자!

夫兵者, 不祥之器. 物或惡之, 故有道者不處.
兵者不祥之器, 非君子之器也, 不得已而用之, 恬淡爲上.
勝而不美, 而美之者, 是樂殺人. 夫樂殺人者, 則不可以得志
於天下矣. 殺人之衆, 以悲哀泣之. 戰勝以喪禮處之. (31章)

【주석】

- **夫兵者** 금본에서는 '부가병자夫佳兵者'라고 하고 있으나, 여기서는 백서
  본에 의해 정정했다.
- **物或惡之, 故有道者不處** 백서 갑본에서는 '或惡之, 故有欲者弗居'
  로 적고 있다.
- **物** 뭇 사람
- **恬淡** 여기서는 마음속으로 별로 좋아하지 않아 즐거움이 적다는 뜻으
  로 쓰였다.
- **悲哀** 왕필의 금본에서는 '애비哀悲'라고 적고 있으며, 박혁본, 하상공본
  및 뭇 고본에서는 모두 '悲哀'라고 적고 있다.
- **泣** '리莅'의 와전으로서, 친히 왕림하다, 대하다는 뜻이다.

【해석】

무기는 불길한 물건이며, 사람들이 모두 싫어하는 물건이다. 도를 아는 사
람은 무기를 사용하지 않는다.
무기는 불길한 물건이요, 군자가 사용하는 물건이 아니다. 부득이할 때만
사용하며 담담한 마음으로 사용하는 것이 가장 좋은 방법이다.
승리한 후에는 득의양양해서는 안 된다.
만일 득의양양하다면 당신은 살인을 좋아하는 사람이다. 살인을 좋아하

는 사람은 천하에서 성공할 수 없다.

살인을 많이 한 경우, 애통한 마음을 가져야 하며 승리한 후에는 망자를 장례의식으로 대우해야 한다. (31장)

3부

버리면 얻으리라

유쾌한 노자,
현대인과 소통하다

소박함이야말로 도에 가깝다

현란한 색채는 눈을 어지럽게 한다.

五色令人目盲

관능적 감각은 서양에서는 동물적 감각으로 치부되어 심미審美의 영역에서 퇴출된 지 이미 오래다. 그리스인들은 피타고라스Pythagoras의 주장을 시초로 하여, 오로지 청각과 시각만이 미를 주관하는 감각기관이라고 여겼다. 전자는 대칭의 미를 감상할 수 있고 후자는 조화로운 음률을 들을 수 있기 때문이다. 아리스토텔레스Aristoteles 역시 청각과 시각적 쾌감은 인간적인 쾌감으로 여겼다. 먹고 마시는 쾌감처럼 생리적 욕구만 만족시켜 주는 동물적 쾌감이 아니기 때문이다. 샤프츠버리Shaftesbury의 말은 그들의 주장을 더 확실히 설명해 준다. "눈으로 형상을 보고 귀로 음성을 들으면, 곧바로 미와 고상함, 조화를 인식할 수 있다."

그 후, 칸트Kant는 더욱 강조하여 말하길 "미란 이익을 초월하고 관념을 의지하지 않는 합목적성 형식이다. 또한 미각, 후각은

'생물체의 감각'에 가까워 청각, 시각, 촉각과 같은 '지혜의 감각'에는 미치지 못한다."라고 했다. 헤겔Hegel은 "예술적 감성수단에는 오직 시각과 청각이라는 인식적 감각만 존재할 뿐, 후각, 미각, 촉각은 예술적 감상과는 완전히 무관하다." 그리고 "예술품은 반드시 그 독립적 실존을 유지해야 하며, 주체와 단순히 감각기관적 관계만 맺어서는 안 된다."라고 했다. 또한 매튜 리프먼Matthew Lipman과 하만Johann Georg Hamann 등 후대의 지식인들 역시 같은 관점을 진술했다.

중국인들은 오래전부터 '만물의 형상과 추세에 관심을 두는 형이하학적 사고습관'에 익숙해 온 터라, 오관을 분명하게 구분하기가 어려웠다. 서양과는 반대로 상술한 각 감각은 피차간에 서로 통하므로, 외부사물에 대한 인간의 인식과 미에 대한 적절한 반응 표현에 도움이 된다고 여겼다.

하지만, 노자는 아주 독특한 인물임이 틀림없다. 사람들의 상투적인 사고에 맞서는 그의 견해에는 항상 지혜가 번득이기 때문이다. 그는 맛좋은 음식에 길들면 입맛이 까다로워지고 입맛이 없어지는 것처럼, 현란한 색채는 눈을 어지럽게 하고, 어지러운 음악은 귀를 멀게 한다고 여겼다. 또 감각기관의 감지와 일상행동을 연결하여, 마음껏 사냥하면 방탕하기 쉽고 재물을 추구하다 보면 옳은 길을 벗어나기 쉬움을 지적했다. 그러므로 성인聖人은 작은 만족에도 달콤한 꿀을 먹은 듯 즐거워하며, 소리와 색채에 대한 유혹 및 무절제한 물욕도 이겨낼 수 있어야 한다.

"도를 깨달은 성인聖人은 배부름만 중시한다."라는 말은 얼핏 듣기에는 형이하학적인 식탐을 뜻하는 것 같아 사상가로서 노자의 모습과는 크게 어긋나 보인다. 그러나 사실 그는 배부름이라는 생활의 가장 간단한 조건을 통해 소박한 생활을 상징하고 있다. 사람은 배부름의 욕구가 만족되어야만 정신적인 추구에 힘쓸 수 있다. 이런 의의에서 생각해 본다면, 간단함과 소박함이야말로 모든 삶에 필요한 가장 정상적인 상태이다. 간단하고 소박한 생활은 생명의 순수도가 최고치에 도달했다는 표시이며, 적절한 결핍이야말로 아름다움이 탄생할 수 있는 최적의 기회가 된다.

따라서 그는 '사람의 배는 부르게 하고 의지意志는 부드럽게 해야 한다.'고 주장한다. 린위탕林語堂이 영역한 《노자》에서는 '배'를 '내적 자아the inner self'로 표현해 '눈'으로 대표되는 외적 자아 혹은 감각세계와 대칭을 이루게 했는데, 너무 깊이 파고든 감이 있다. 여기서 노자가 말하는 '배'란 다른 어떤 것도 아닌 육체적 배부름을 말한다. 노자는 배가 쉽게 만족을 얻는 것과 달리 인간의 눈은 끊임없이 볼거리를 찾아 헤매고 마음과 의지는 쉽게 부패하기 때문에 '마음은 평온케 해 욕심을 없애고', '의지는 부드럽게' 해야 하며, '화려한 소리와 색은 추구하지 않아야 한다.'라고 주장했다.

중국과 외국의 경우를 살펴보면, 거친 면과 마를 걸치고 살았던 선조 지식인들은 대부분 보통 사람들보다 더 소박한 삶을 살

109

앞으며, 그들 또한 노자와 똑같이 주장하고 있다. 어떤 이는 이 지혜의 요청을 들으며 스스로 한 걸음 더 나아가, "배불리 먹는 것이 산해진미를 먹는 것이나 마찬가지다."라는 진리를 깨우치기도 한다. 그러나 사람들은 대부분 이 요청을 아예 듣지 못하거나, 듣더라도 한 귀로 듣고 한 귀로 흘려버리고 만다.

상황이 이렇기에, 중국의 황제들만 봐도 '중수'(中壽, 장자莊子의 견해에 의하면 80세를 말함)를 넘긴 이는 극소수에 불과했다. 오히려 진정한 진리를 공경할 줄 모르는 사람들은 "선대 지식인들은 생계수단이 궁했기 때문에 자기합리화를 위해 이런 주장을 했다."라며, 어리석고 무지한 우월감을 표출하기도 한다. 하지만, 노자의 교훈조차 알아듣지 못하는 사람들이 있다면, 정말 자기 부끄러운 줄 알아야 한다!

是以聖人之治, 虛其心, 實其腹, 弱其志, 强其骨, 常使民無知
無欲. (3章)
五色令人目盲; 五音令人耳聾; 五味令人口爽; 馳騁畋獵, 令
人心發狂; 難得之貨, 令人行妨. 是以聖人爲腹不爲目, 故去
彼取此. (12章)

- 虛其心 마음을 비우고 평온한 상태를 유지하는 것
- 弱其志 마음의 뜻을 부드럽게 유지하는 것
- 五色 청, 적, 황, 백, 흑색
- 目盲 눈이 어지러워짐
- 五音 궁宮, 상商, 각角, 치徵, 우羽
- 耳聾 청각이 신통하지 못함을 비유함.
- 五味 신맛, 쓴맛, 단맛, 매운맛, 쓴맛
- 爽 패敗, 상함, 망함이란 뜻으로 확장될 수 있으며, 여기서는 온전한 미
  각을 상실함을 말함.
- 發狂 방탕으로 인하여 비정상적인 상태가 됨, 자제할 줄을 모름.
- 妨 해치다, 상하다

그러므로 성인의 다스림은 국민의 마음을 평온케 해 욕심을 없애며, 배는
부르게 하고 의지意志는 부드럽게 하는 대신 체력과 기백은 높인다. 거짓과
속임수를 쓰려는 지혜와 탐욕을 억제하는 데 항상 힘쓴다. (3장)
현란한 색채는 눈을 어지럽게 한다. 번잡한 음악은 귀를 멀게 한다. 맛좋

은 음식은 입맛을 상하게 한다. 마음껏 사냥하면 방탕함에 정신을 잃게 된다. 진귀한 보물은 옳은 길을 벗어나게 한다. 그러므로 도를 깨달은 성인聖人은 배부름만 중시할 뿐, 화려한 소리와 색은 추구하지 않는다. 그러므로 후자를 버리고 전자를 취할 줄 안다. (12장)

몸을 보전하는 최상의 처방

공을 세웠을 때 물러나는 것이 하늘의 도이다.

功遂身退, 天之道也

대다수의 사람에게 이 도리는 평생 별 쓸모없을 수 있다. 사람들은 대부분 공을 세우고 명예를 얻는 것이 어떤 맛인지, 평생 맛조차 보지 못한 채 생을 마감하기 때문이다. 한쪽에서는 아직 분바르고 무대에 오를 준비도 못 해봤는데 다른 한쪽에서는 벌써 퇴장의 레퍼토리를 논한다는 건, 아무리 생각해도 너무 성급하다는 느낌을 지울 순 없다. 그러나 인생에 닥치게 될 각종 가능성을 염두에 둔다면, 전진을 위해 온 힘을 다하는 사람들에게 있어 이런 논의는 인생의 경각심을 일깨워줄 수 있는 좋은 기회라고 할 수 있다.

노자는 어떤 물건을 두고 이렇게 말한다. "손에 들고 넘치도록 채우기보다는 채우기를 멈추는 것이 더 나으며, 이를 두드려 날카롭게 하는 것은 오래도록 보전할 수 없는 방법이다." 물건이 이렇다면, 사람은 더욱 그러하다. 예를 들어 부를 생각해보자. 아침부터 저녁까지 돈에 푹 빠진 사람이 돈을 엄청나게 벌게 되었다면 물론 축하할 만한 일이라고 할 수 있다. 그러나 가진 게 많으면 많을수록 빨리 달리기는 더 어려워지는 법, 어렵사리 갖게 된 것을 쉽게 포기하기도 힘들고 그걸 끝까지 놓치지 않으려면 각별히 신경을 써야한다. 결국 이 보배는 두통거리로 전락하게 된다. 다음은 명예를 예로 들어 생각해보자. 각고의 노력 끝에 뛰어난 인정과 평가를 받게 되었다면 이는 자랑할 만한 일이다. 그러나 어딜 가든지 득의양양하고 자만한다면, 교만은 분명 큰 화를 불러일으키게 될 것이다. 《관자管子》 백심편白心篇도 이렇게 말하고 있다.

"손에 가진 것을 가득 채우는 것은 참으로 위험한 일이다. 천하에 널리 명성을 얻었다면 그쯤에서 그만두는 것이 더 낫다. 持而滿之, 乃其殆也. 名滿於天下, 不若其已也"

이 말은 너무 좋은 것은 좋지 않은 것과 같다는 뜻이다. 지혜로운 사람들은 성공의 때에 자신이 떠날 때를 떠올린다.

전통적으로 천인합일天人合一의 철학관을 가졌던 중국인들은 대자연 속에서 인생에 유익한 교훈을 발견하는데 일가견이 있었다. 태양의 궤적을 지켜보며 태양은 중천에 높이 치솟는 순간 서산으로 기울어진다는 사실을 깨달았고, 사시四時의 운행을 지켜보며 달은 점점 차올라 보름달이 되면 이지러지기 시작한다는 것을 깨달았다. 중국인들은 매우 자연스럽게, 하늘의 뜻이 가득 찬 것을 싫어하기 때문에 사람도 그칠 줄 알아야 한다는 도리를 깨우칠 수 있었다. 당신도 이 도리를 깨우쳤는가? 그렇다면 아직도 무엇이 부족한가? 무엇을 더 탐하려는가? 당신이 만물의 발전상황에 따라 움직여야 하는 존재라면 멈추는 것도 하늘의 도에 따라야 하지 않을까? 수많은 생산과 사업추진을 이제 멈추자.

"만물을 낳고 길렀으나 자신의 것으로 소유하지 않고, 만물을 양육했으나 자신의 능력을 자랑하지 않으며, 성공과 명예를 얻었으나 공로를 믿고 자만하지 않는 生而不有, 爲而不恃, 功成而弗居(2장)" 태도로, '공을 세웠을 때 물러날 줄 알아야' 한다. 그럴 때 성공과 명예 때문에 버림받는 일을 면할 수 있다. 이것이 바로 '하늘의 도'이다.

물론, '물러난다'는 것이 꼭 자기 지위를 포기하고 사람들을 떠나 은거하여 절대 재기하지 않겠다는 뜻이라고 할 수는 없다. 때로 당신의 경험과 권위는 후대의 발전에 꼭 필요한 자산이 될 수도 있으니까. 하지만 어떻게 하면 성공의 때에 소유하지 않고 자랑하지 않으며 자만하지 않고 드러내지 않을 수 있는가 하는 것은 각 사람의 지혜를 검증해볼 수 있는 꽤나 어려운 시험이 될 수 있다. 노자의 속뜻을 깊이 헤아려보면 이런 뜻이 아닐까 싶다. "사람은 공을 믿고 자만해서는 안 되며, 작은 공로 하나 세웠다고 특별대우를 바라거나 사방에 떠벌려서는 더욱 안 된다." 비록 몸은 뒤로 물러났어도 영향력이 물러나지 않으면, 후세들의 역량 발휘에 크게 불리하게 작용한다. 영향력은 물러났어도 마음이 물러나지 않으면 자신의 정신건강에 크게 불리하게 작용한다. 모든 것을 놓고 무대의 뒤편으로 물러난 이상, 무대에서 비치는 형형색색의 스포트라이트는 잊어야 한다. 그것은 이미 당신의 소유가 아니기 때문이다.

인생에 대해 생각해보자. 소위 재산이건 명예건 간에, 이를 추구하기 시작한 그때부터 하나같이 체면 구기는 일들에 연루되지 않는가? 사실 이런 일들은 일종의 죄악이 아니었던가? 사람들은 자연스럽게 가지게 되는 미덕이야말로 진정한 미덕이라고 말한다. 그렇다면 당신의 미덕은 자연스럽게 갖게 된 것인가? 아니면 갖게 되고나서 내 것인 양 자연스럽게 느껴진 것인가? 만일 그렇다면 그것을 놓아버리자.

맹자孟子는 이렇게 말했다. 공자의 도는 '물러날 수 있으면 물러나는 도'라고. 하지만 노자는 바로 자신을 위해, 반드시 물러나는 길을 선택해야만 한다고 말한다. 그것이 하늘의 도에 더 부합하기 때문이다. 명성이 절정에 이르렀을 때 물러나라고 가르치는 것은 마지막까지 호연지기가 드러나는 아름다운 명성을 얻게 하려는데 있다. 그래서 노자는 사람의 마음속을 꿰뚫어 보는 사람이라고 이야기하는 것이다.

청淸나라 왕지춘王之春이 쓴 《잠언箴言》에는 이런 말이 있다. "겸허한 물러남은 몸을 보전하는 가장 좋은 방법이다. 謙退是保身第一法" 생각해보면 그는 《노자》의 달인이었음이 분명하다. 블레즈 파스칼Blaise Pascal은 《수상록》에서 말했다.

"우리가 이렇게 잘난 척 하는 이유는 자신의 명성이 전 세계에 전파되고, 심지어 자기 사후의 자손들까지도 자신을 알아주기를 바라는 마음 때문이다. 우리가 이렇게 허영에 찬 이유는 주위 몇 사람이 해주는 듣기 좋은 말에서 기쁨과 만족을 느끼기 때문이다."

파스칼은 《노자》를 읽어봤을까? 그 밖에도 서양속담에는 "용퇴야말로 용맹한 전적이다. A brave retreat is a brave exploit."라는 말이 있는데, 이 속담을 만든 사람도 《노자》를 읽어봤을까? 그거야 아무도 모를 일이다. 하지만 전부 인간에 관한 이야기이니, 분명 통하는 구석은 있을 것이다.

세상에는 이미 관료사회와 직장에서 퇴출당하는 사람이 수없이 많다. 물이 다하는 적막한 곳, 구름만 고요히 이는 때에, 고적한 강가에는 쓸쓸히 낚시를 하는 그들의 모습이 불쑥 떠오를 수 있다. 이런 사람은 복이 있도다. 이런 사람들을 볼 수 있는 당신 역시 복이 있도다.

持而盈之, 不如其已; 揣而銳之, 不可長保. 金玉滿堂, 莫之
能守; 富貴而驕, 自遺其咎. 功遂身退, 天之道也. (9章)

【주석】

· 持　잡다

· 盈　가득 차다. 여기서는 교만하고 자만하다

· 已　그치다

· 揣　두드리다

· 銳之　날카롭게 만들다. 여기서는 칼끝을 날카롭게 만든다는 뜻.

· 功遂　공을 이루다. 하상공본河上公本, 박혁본 및 여러 고본은 '공을 이루
　　며 이름을 얻다 攻成名遂'라고 적고 있다.

· 天之道也　자연의 규율을 말한다. '야也'는 오늘날 경전에는 적혀있지
　　않으나 백서본에 근거해 추가했다.

【해석】

손에 잡고 가득 채우느니 적당한 때에 멈추는 것이 낫고,

연단하고 날카롭게 벼린 칼날은 오래가지 못한다.

그득한 금은보화를 영원토록 지킬 수 있는 사람은 없으니,

부귀만 믿고 교만하면 반드시 화를 부른다.

공을 세웠을 때 물러나는 것이 하늘의 도요, 자연스러운 것이다. (9장)

나가지 않고도 천하의 이치를 깨닫다

욕망의 문을 닫으면 평생 고민이 사라진다.

閉其門, 終身不勤

사람의 인격수양 능력에 대해 토론하며 노자는 문제를 제기한다. 소위 '하늘의 문天門'이란, 어떤 주석가의 견해처럼 '도와 마음'이 아니며 '천하가 시작되고, 만물이 나오는 곳도 아니다. 이것은 인간의 눈, 코, 귀, 입 등 구체적인 감각기관을 일컫는 것이다. 귀는 소리의 문이고, 눈은 색채의 문이며, 입은 식욕의 문, 코는 냄새의 문이다. 또한 이 말단부위들은 모두 욕망의 문이며, 또한 하늘에서 내려준 것들이다. 그래서 '하늘의 문'이라 불린다.

《장자莊子》경상초庚桑楚는 말한다. "들어가고 나가나 그 모습을 볼 수 없는 것을 하늘의 문이라 한다. 入出而無見其形, 是爲天門" 천운편天運篇에서 또 말한다. "마음으로 아니라고 생각하는 것들에 대해서, 하늘의 문은 열리지 않는다. 其心以爲不然者, 天門弗開矣" 마음으로 아니라고 생각하면 오관은 전부 사용할 수가 없게 된다는 말이다. 감각기관은 사고의 통제를 받는다고 여긴 고대인들의 생각을 알 수 있다. 그렇다면 어떻게 해야 오관을 통제할 수 있을까? 노자가 알려주는 방법은 '낮은 곳에 거하며 평정을 지키는 것爲雌'이다. 그렇다면 낮은 곳에 거하며 평정을 지키는 방법은 또 무엇인가? 노자는 '욕망의 구멍을 틀어막고, 욕망의 대문을 닫으라'고 답한다.

'태兌'란 모든 종류의 '구멍'이란 뜻으로 확대 해석된다. 사람들은 이런 구멍들을 욕망을 만족시키는 도구로 사용한다. 그래서 앞서 우리는 이들을 '욕망의 문'이라 해석했다. 노자의 본의는 만일 인간의 욕망을 불러일으키는 모든 감각기관을 막고, 또렷하고 맑은 정신을 방해하는 모든 문을 닫아버린다면 인간은 평생토록 귀찮을 일이 없어진다는 것이다. 그 반대로, 감각기관을 있는 대로 열어젖히고 번잡한 세상의 현상에 일일이 대응한다면 인간은 쓸데없이 커져버린 허탄한 지혜와 기교 때문에 넘어져도 구원받지 못할 위험만 커지게 된다.

이 말은 좀 소극적으로 들린다. 왜 소리와 색깔, 맛과 냄새를 적극적으로 받아들이면 안 된단 말인가? 우리 사고방식대로라면, 도를 깨달은 사람과 도를 행하는 사람은 외부세계를 누구보다도 더 적극적으로 받아들여야 하지 않을까? 적극적인 자세로 세상의 온갖 풍상을 맛보지 못한 사람이 어떻게 심성을 연단하고, 또 어떻게 인격을 수양할 수 있을까? 사실, 이런 생각이라면 노자를 오해한 것이다. 노자는 그렇게 나약한 인간이 아니다. 그는 인간이 반드시 직면해야만 하는 갖가지 현실문제들을 무조건 회피만 하라고 한 것이 아니다. 단지 이 문을 자기 맘대로 열어젖혀 마음 속 욕망의 귀신들이 탈출하도록 방조하지 말라고 경고했을 뿐이다. 이 귀신들은 내가 가는 길목마다 나타나 나를 자신도 알지 못하는 곳으로 끌고 갈 것이기 때문이다. 이에 비한다면, 명철한 지혜의 빛으로 사물의 이치와 인간 내면의 장애물을 철저히 비춰내고, 마음으로 통하는 문을 여는 법을 터득하는 것은 인생에 있어 더 중요한 문제가 될 것이다.

노자가 항상 강조하던 주장과 비교해보면, 이런 이해가 가능할 수 있다. 노자는 이미 욕망의 문 뒤에 감춰져 있는 모든 것을 다 꿰뚫어 보았기 때문에, 외부세계로 향하려는 마음의 빛을 거두라고 한 것이다. 마음의 빛은 사람의 마음을 통찰하고 자신을 비추는 몸 안의 등불이 되어야 한다. 그는 인격수양의 경지를 높이려는 사람은 이 부분을 특히 중시해야 한다고 생각했다. 그래서 56장에서도 '욕망의 구멍을 틀어막고, 욕망의 대문을 닫으라'는 말을 다시 한 번 반복한다. 그리고 이에 더 나아가 "집을 나서지 않고도 천하의 이치를 깨닫고, 창을 내다보지 않고도 하늘의 도리를 알게 된다. 不出戶, 知天下; 不窺牖, 見天道(47장)"고 이야기한다. 노자의 언어는 쉬우면서도 처음과 끝은 시종일관 대응되고 있다. 앞뒤 글이 일관되면서 논리 역시 흐트러지거나 힘이 달리지 않고 있다.

天門開闔, 能爲雌乎? (10章)
塞其兌, 閉其門, 終身不勤. 開其兌, 濟其事, 終身不救. (52章)

【주석】

- 天門　감각기관을 비유함
- 爲雌　陰의 세계에 거한다는 것, 즉 평정을 지킨다는 뜻이다. 오늘날
  의 경전에는 '무자無雌'로 잘못 적혀있다. 그러나 백서 을본, 경용본, 박
  혁본, 기타 고본에는 모두 '위자爲雌'로 적혀 있다.
- 兌　구멍이란 뜻으로 확장되었다.
- 門　여기서는 욕망의 문을 가리킨다.
- 勤　수고로움
- 濟　이룸

【해석】

감각기관이 외부세계에 열려있는데, 평정을 지킬 수 있을까? (10장)
욕망의 구멍을 틀어막고, 욕망의 대문을 닫으면 평생 염려가 사라진다.
욕망 문을 열면 번잡한 일들이 생겨나 평생 구원받을 수 없다. (52장)

쓸모없는 것이 가장 쓸모 있다

집에 빈 곳이 있기 때문에 집이 쓸모 있게 된다.

當其無, 有室之用

어떤 도리는 막 들었을 때는 심오한지 아닌지 전혀 분별이 안 가지만, 오히려 그런 도리일수록 가장 심오하고 뇌리에 박히는 깊은 인상을 남겨주는 경우가 많다. '유'와 '무'에 대해 말하는 노자의 논리 역시 그런 유이다. 지금까지 노자의 예지와 심오함에 당신은 이미 여러 번 탄복했을 것이다. 그러나 진리라는 게 이렇게 알아듣기 쉬워서 이 노인장에게 감탄하며 충심의 경의를 표하는 일은 아마도 이번이 처음이 아닐까 싶다. 이 이야기를 다른 사람에게 들려준다 해도 어쩌면 다른 사람조차 이를 믿지 않을 수도 있을 게다.

이번에도 노자가 화제를 이끌기 위해 사용한 소재들은 막연하고 심오한 물건이 아니라 우리 주변에서 쉽게 찾아볼 수 있는 일상용품들이다. 예를 들어 나무바퀴를 만들고 있다고 가정해 보

자. 나무 살로 수레바퀴와 차축을 연결시켜야 할 것이다. 나무 살과 나무 살 사이는 비어있겠지? 노자는 말한다. "그 가운데가 비어있기 때문에 차바퀴가 쓸모 있어지는 것이다." 똑같은 이치로 도자기 흙을 반죽하여 국그릇을 만든다면, 그릇 가운데 반드시 빈 공간을 남겨놓아야 한다. 빈 공간이 남아있기 때문에 국이나 찌개를 담을 수 있다. 가장 이해가 잘 갈만한 예는 집이다. 집을 지을 때 안은 텅 비고 밖은 단단하게 채워 만든다. 게다가 사방 벽에는 문과 창문을 뚫는다. 사방 벽 가운데에 빈 곳이 있기 때문에 공기가 창문을 통해 집안 곳곳으로 두루 퍼지고 그래야 집도 제 구실을 하게 된다.

노자의 결론은 이렇다. "유有가 사람들에게 실제적인 유익을 가져다줄 수 있는 이유는 바로 무無가 작용하고 있기 때문이지." 바로 이 '쓸모없는 것'이 천하 사물을 가장 쓸모 있게 한다. 그래서 '유와 무는 서로 짝을 이루며 만들어진다. 有無相生(2장)' 쓸모 있음과 쓸모없음은 실제로 쉽게 판단하기 어려운 일이다.

한 가지 질문을 하고 싶다. 당신은 이 도리에 근거한 다른 현상도 이해할 수 있나? 예를 들어, 인문과학은 실용과학 기술만 못하지 않은가? 소설과 자명종 중 어느 것이 더 유용한가? 사람들은 대부분 이렇게 생각한다. '후자에 비하면 전자는 별 쓸모없다' 그러나 도스토예프스키Dostoevskii의 소설은 증기기관과 같은 시대에 탄생했지만, 증기기관은 이미 박물관에 모셔진 골동품이 된 반면 도스토예프스키의 소설은 여전히 새로운 장정을 덧입고 많은 사람에 큰 감동을 선사해주고 있다.

다시 사고의 폭을 넓혀보자. 중국인들은 항상 말한다. "이 세상에서 제일 쓸모없는 것이 지식인이다." 지식인은 항상 한 보따리나 되는 이론을 가지고 와 자기 잘난 척하며 바른 말 하기만 좋아한다. 학술토론이라는 미명하에 매일 호떡집에 불난 듯 시끄럽게 다투기만 할 뿐 제대로 된 일은 커녕 쓸데없는 일만 일삼는다. 그래서 예전부터 사람들은 지식인을 두고 '가난뱅이 서생'이니 '독설과 자조를 내뿜는 두 발 달린 책장'이라고 조롱했다.

하지만 생각해 본 적 있는가? 한 사회에 지식인처럼 감 놔라 배 놔라 참견을 하고, 인정사정 봐주지 않고 비난하는 사람들이 없다면, 사회가 진보할 수 있을까? 사실상, 지식인은 가장 예민하면서도 자신감에 가득 찬 집단이자, 사람들의 존경과 자기 이상의 실현이 가장 절실히 필요한 집단이다. 현실은 항상 꿈과 어긋나긴 하지만 말이다. 그들은 금전을 위해 싸우지 않고, 관직을 위해 싸우지도 않는다. 오직 자신의 생각이 옳다는 것을 증명하기 위해 싸운다. 논쟁이 끝난 후에는 상대방과 담담한 마음으로 악수를 하며 마음을 나누고, 곧바로 친구가 될 수 있다. 그래서 버나드 헨리 레비Bernard-Henri Lévy는 "지식인이란 바로 논쟁"이라고 했다. 그러나 말이 논쟁이지, 사실상은 정신적인 자유를 누릴 권리를 얻기 위한 투쟁을 벌이는 것이다. 이 자랑스러운 정신적 자유를 누리는 자는 사회의 피안彼岸에 설 수 있다. 독일인 빌헬름 폰 훔볼트Wilhelm von Humboldt의 말을 빌리자면, 이것은 이 사회를 '교정하는 힘'이 된다. 뭘 교정할까? 뭐든지. 그리고 그중에는 이미 우세하게 된 세력이라도 교정해버린다. 강한 세력들이라고 해서 사회를 건강한 방향으로 이끌 수 있는 것은 아니기 때문이다. 물론, 최종적인 결과를 놓고 볼 때, 그 노력이 반드시 유용했다고 볼 수 있는 건 아니다. 그러나 설사 유용하지 않았다 할지라도 사회의 정신적인 성장 면에서 지식인은 이미 자신의 영향력을 충분히 발휘한 셈이다.

어쨌든 이 세계의 많은 사람과 많은 일에는 쓸데없는 사람의 지적이 꼭 필요하기 마련이다. 실제 유용성과 관련 없는 책들은 세상에 훨씬 더 많다. 그 책들은 쓸모없는 이상이나 취향 때문에 존재하는 것이 아니다. 만일 이 진리가 이해되지 않는다면, 이런 쓸모없는 물건들이 자취를 감춘 세상과 인생이 얼마나 단조로워질지 상상해보자. 그럼 노자가 얼마나 위대한지 알게 될 것이다.

다른 측면에서 이야기해보자. 사람은 일을 성취하겠다는 목표를 가지고 일을 해야 하지만 항상 이런 실용적인 목적만 가지고 생활할 수는 없다. 삶은 친구를 사귀는 것과 마찬가지기 때문이다. 친구를 사귈 때, 우리는 성격과 취미가 서로 맞는 친구를 찾긴 하지만, 무의식중에 그 친구가 유용한 친구인지 아닌지도 따져보게 된다. 그러나 유용성만으로 친구를 사귄다는 것은 참으로 위험한 일이다.

다시 주제로 돌아가 지식인을 논해보자. 아인슈타인Albert Einstein은 이런 말을 한 적이 있다. "사람을 교육하는 일은 전문적인 지식만으로는 부족하다. 전문적인 교육을 받으면 학생은 유용한 기계는 될 수 있다. 하지만 조화롭게 발전하는 인간은 될 수 없다. 학생들이 가치(사회 논리 준칙)를 이해하고 이것에 뜨거운 열정을 갖도록 하는 것이야말로 가장 기본적인 교육이다." 이 말을 보면 그도 역시 쓸모없음을 강조한 것이다.

三十輻, 共一轂, 當其無, 有車之用. 埏埴以爲器, 當其無, 有
器之用.

鑿戶牖以爲室, 當其無, 有室之用. 故有之以爲利, 無之以爲
用. (11章)

· 輻　수레바퀴 중에서 차축과 바퀴를 연결하는 나무막대. 고대 수레의 차
　　바퀴 차축의 수는 한 달의 날수를 나타내어 모두 30개로 구성되었다.

· 轂　수레바퀴 중간에 축을 끼워 넣는 둥근 구멍

· 無　수레바퀴통 중간의 빈곳

· 埏　반죽하다

· 埴　흙

· 戶牖　문과 창문

· 有之以爲利, 無之以爲用　왕필王弼은 "있음이 유익한 이유는 전부,
　　무가 유용한 때문이다."라는 주석을 달았다.

30개의 바퀴살은 한 바퀴통으로 모인다. 바퀴통에 빈 곳이 있기 때문에 수
레는 쓸모 있게 된다.

흙을 짓이겨 그릇을 만들 때 그릇 가운데 빈 곳이 있기 때문에 그릇이 쓸
모 있게 된다.

문과 창문을 내고 집을 만들 때, 집에 빈 곳이 있기 때문에 집이 쓸모 있게
된다.

따라서 유有의 유익함은 완전히 무無의 작용에 근거한다. (11장)

가장 위대한 평정의 경지

만물은 번성하며 각자 본래 뿌리로 돌아간다.

夫物芸芸, 各復歸其根

자연계에서 나는 미세한 소리를 가장 잘 들을 수 있는 때는 모든 사람이 잠든 깊은 밤이다. 예를 들어 바람결에 나뭇잎이 흔들리는 소리, 빗줄기가 처마지붕을 때리는 소리, 꽃잎이 하늘하늘 떨어져 바위 위에 한겹 한겹 쌓이는 소리 등등 말이다. 그러나 비록 아무 소리도 들리지 않는 적막한 곳에 있다 할지라도 마음의 소리가 꼭 들리리라는 법은 없다.

그럼에도 불구하고, 세속의 먼지가 흩날리고 귀를 찢는 소음이 난무하는 도시에서 내 마음의 소리를 듣지 못한다는 사실은 어떤 이에게는 큰 불안을 안겨줄 수도 있다. 오늘날에도 극소수의 사람이 그러하며, 과거에는 좀 더 많은 사람이 그러했다. 과거와 비교할 때 물질적인 측면에서 한탄을 하는 사람이 더욱 많아졌기 때문이다.

그들은 현대에는 해결해야 할 새로운 문제들이 끊임없이 생겨 나온다고 말한다. 예를 들면 컴퓨터를 사용할 줄 모른다거나, 심지어는 최신 스마트폰 사용법을 모른다고 한탄한다. 그러나 정신적인 측면의 상황은 다르다. 이 세상의 어떤 문제도 새로운 문제는 없다. 모두 예전부터 그 자리에 있던 문제들이다. 그저 어떤 이는 그 문제를 막 절실하게 느꼈을 뿐이다. 그런데 나보다 먼저 문제를 느끼고 이미 정답까지 마련해 준 사람이 있으니, 그가 바로 노자다.

노자는 사람은 자기 내면의 깨끗함을 유지해 하늘이 준 순수한 청정함을 지켜야 한다고 말했다. 이렇게 할 때만이 사물을 관찰하는 자가 만물과 그 본질을 파악할 수 있다고 한다. 또한 천하의 무성한 만물은 모두 자신의 본성으로 돌아가야 하며, 이 본성은 만물이 시작한 뿌리가 된다고 한다. 사람 역시 마찬가지다. 오직 본질로 돌아가 깨끗함과 평정함을 유지할 때만이 본연의 마음으로 돌아갈 수 있다. 불교에서는 이것을 '자성自性'이라고 한다. 본성으로 돌아간 후에는, 영원히 반복되는 자연의 법칙을 깨달을 수 있다. 이런 이성과 지혜가 있을 때만, 수습할 수 없는 경거망동을 저지르지 않게 된다.

그와 상대되는 것이 바로 '조급함'이다. 조급함의 단점은 괜히 열이 잘 올라 무게를 잃어버리기 쉽다는 것이다. 즉, 경박하고 이성을 잃은 조바심이며, 이는 사람이 반드시 가져야 할 평정심과 맑은 분별력을 잃어버리고 심신을 불안하게 한다. 이를 초조함이라고 한다. 그래서 노자는 "무거움은 가벼움의 근원이며, 평정함은 조바심의 주재다. 重爲輕根, 靜爲躁君(26장)"라고 했다. 즉 평정함은 모든 조바심과 초조함의 주인이 될 수 있다는 것이다. 노자는 성인이 천하를 다스릴 때 특별히 이 점을 주의해야 한다고 강조했다. 사람을 기용하거나 사업을 벌이는 것은 모두 경솔하고 조급하게 추진해서는 안 된다. 이런 경솔함과 조급함은 모두 자기만족을 얻으려는 욕망과 그 욕망을 제대로 억제하지 못했다는 증거다. 자신의 내면 안에 깨끗하고 평정하며 욕심 없는 마음을 실천할 때, 세상은 자연히 태평성세로 변화된다. 이것이 바로 "내가 평정을 사랑하면 백성이 자연히 바르게 되고, 내 안에 욕심이 사라지면 백성이 자연히 소박하게 된다. 我好靜, 而民自正; 我無事, 而民自富, 我無欲, 而民自樸(57장)" "탐심과 탐욕을 버리고 평정에 이르면 천하는 자연히 평안해진다. 不欲以靜, 天下將自定(37장)"는 이치이다. 그러니까 이 글에서 언급한 '청정하며 자연에 모든 것을 맡기는 것이 천하의 으뜸이다'라는 말과 일맥상통한 뜻이다.

특별히 설명해야 할 점은, 노자가 말한 '지극히 깨끗하며 거리낌 없는 마음과 평정함을 지킨다.'라는 말은 이 세상과 담을 쌓고 모든 인간을 멀리하라는 뜻이 절대로 아니라는 것이다. 오히려 외부의 물질로 인해서 자신 본래의 순수한 마음을 어지럽히지 말라는 뜻이다. 고요한 물은 깊고 깊은 바닥까지 내려가야 물결의 흐름을 발견하는 것처럼, 우리의 심사숙고는 오직 고요 가운데서만 더욱 깊이 있는 생각의 하류로 발전할 수 있다. 이를 위해서 노자는 음성陰性을 지켜 낮은 곳에 거하고 유연함과 양보를 중시하는 태도를 취하라고 말한다. 그는 "음성이 양성을 항상 이기는 이유는 조용하고 온화하며 겸비하기 때문이다. 牝常以靜勝牡, 以靜爲下(61장)"라고 말한다. 하늘을 날아다니는 새 중 암컷을 살펴보자. 암새는 아무것도 모르는 것 같지만, 조용히 낮은 곳에 거하는 도리만은 잘 깨닫고 있다. 그래서 수컷은 항상 암컷에 백기를 들고 패배를 선언하는 것이다. 새가 그렇다면 사람이 천하의 도리를 지키는 금수만도 못할 수 있을까?

혹자는 정세가 날로 혼란해지고 문제가 사방에서 터지고 있는데 나만 내면의 평정을 지키려고 애쓰는 것은 생활고 해결, 돈 벌기, 여자 친구 만들기보다 훨씬 더 어려운 일이라고 푸념할 것이다. 그 말도 전혀 틀린 말은 아니다. 그러나 바로 상황이 그렇기 때문에, 우리는 더욱더 노자의 말을 염두에 두어야 한다. 세상의 고수들이란 모두 속이 들여다보이는 수단을 사용하고 고자세를 취할수록 더욱 위선적인 냄새를 풍기게 마련이다. 진정한 고수는 여유로우면서도 확고한 태도로 평정을 유지할 수 있는 사람이다. 또 혹자는 우리 같은 보통사람은 이런 고수의 경지에는 도달할 수 없다고 절망할지도 모르겠다. 사실 평정을 유지하는 이 일에는 크고 작고 깊고 얕은 각종 수준이 포함된다. 이 점에 대해서는 모든 사람이 경험해 본 바가 있을 것이다. 평정하고 싶어 1초 동안의 평정을 유지했다면, 나 자신은 1초라는 성장을 거둔 것이다. 도를 행하는 데 익숙한 사람은 혼란 중에서도 평정을 찾을 수 있고, 여유 가운데 모든 것을 밝힐 수 있는 진리를 찾아낼 수 있다. 이런 일이라면 나를 비롯한 모든 보통사람들이 다 같이 진지한 노력을 해보도록 하자.

왜냐하면 여자 친구 만들기뿐 아니라 나 자신이 그렇게 갈망하는 모든 일들은 평정을 유지할 때만이 비로소 나를 향해 다가오기 때문이다. 또 이 세상을 살며 겪게 되는 인생의 모든 참맛은 평정을 얻은 사람만이 맛볼 수 있고, 이 세상 자연법칙의 오묘함은 평정을 얻은 사람만이 꿰뚫어 볼 수 있다는 건 두말하면 잔소리다.

이것이 바로 노자가 사람들에게 밝히는 위대한 평정의 경지이다. 평정하면 세상을 꿰뚫어볼 수 있고 내 몸을 보호할 수 있다. 이는 인생살이의 한 방법이자, 내면에서 밖으로 자연스레 비쳐 나오는 지혜의 빛이다. 프랑스 사상가 루소Rousseau의 말을 빌자면 이는 '조용한 사색의 지혜'이며, 중국인 특유의 미덕이다.

致虛極, 守靜篤. 萬物幷作, 吾以觀復.

夫物蕓蕓, 各復歸其根. 歸根曰靜, 靜曰復命. 復命曰常, 知常
曰明. 不知常, 妄作凶. (16章)

躁勝寒, 靜勝熱, 淸淨爲天下正. (45章)

【주석】

- 致　관철하여 이루다
- 虛　마음이 비어 있고 맑으며 선입관이 없는 상태
- 極　지극한 정도, 정점
- 篤　'極'과 같은 뜻
- 幷作　서로 다투어 자라남
- 復　돌아가다. 만물의 생로병사의 순환을 가리킴
- 蕓蕓　초목의 번성함을 가리키며 여기서는 많은 수량을 뜻함
- 歸其根　원초적인 시작점으로 돌아감
- 靜曰　왕필본과 하상공본에서는 '시위是謂'라고 하였으나, 오늘날은 경
  용비, 돈황본敦皇本, 박혁본 및 여러 고본에 따라 수정했다.
- 復命　본성과 본질로 돌아감
- 常　만물의 변화와 운동에 작용하는 영원한 규율
- 正　으뜸, 으뜸인 군주

【해석】

지극히 깨끗하며 거리낌 없는 마음이 되려면 평정함을 지켜 최고의 진실함
에 이르러야 한다.

다투어 탄생하는 만물을 통해 순환과 왕복의 진리를 알 수 있다.

만물은 번성하며 각자 자기 본래 뿌리로 돌아간다. 본래 뿌리로 돌아감을 평정이라 하며, 이는 본성으로 돌아간다고 할 수 있다. 본성으로 돌아감은 만물의 이치라고 한다. 이런 만물의 영원한 이치를 알게 됨을 깨달음이라고 한다. 만물의 영원한 이치를 모르면 경거망동하여 말썽을 일으키게 된다. (16장)

조급하면 열이 나 차가움을 제어할 수도 있지만, 평정하고 냉철한 마음은 열을 이길 수 있다. 청정하며 자연에 모든 것을 맡기는 것이 천하의 으뜸이다. (45장)

▌ 식자우환 ▐

만물의 자연적인 변화를 돕더라도 함부로 간섭하지는 않았다.

補萬物之自然, 而不敢爲

언어적인 측면에서 볼 때, 노자는 일관된 깊이와 결연함을 잘 드러내고 있다. 왜냐하면 배움이란 이 일은 확실히 한 마디로 딱 꼬집어 설명할 수 있는 각종 상황들이 내포되어 있기 때문이다. 예를 들어 한 사람의 지식과 견문의 증가는 그 자신에게 끊임없는 번뇌를 가져다준다. 어린 아이를 한 번 생각해보자. 아이는 세상 물정 모르고 아무런 욕심도 없다. 바람이 한 번만 휘 불어도 반나절은 신나 어쩔 줄 모를 정도로 천진난만하다. 하지만 일단 책가방을 매기만 하면, 그 순간부터 좋은 시절은 다 지나간 셈이다. 선생님의 사랑의 매가 기다리는 건 물론, 산더미처럼 쌓인 '공자 왈, 시경 왈'은 아이들을 어리둥절하게 만들기 충분하다. 내용은 전부 '서풍이 불어오니 낙엽이 떨어지고, 바람이 일어 눈앞을 가리니 세상은 공허하고 슬프다.'는 식이다. 세상에나! '아는 게 병이고 모르는 게 약'이라는 옛말을 아주 확실하게 증명해주는 셈이다.

그 뿐만 아니다. 학문과 지식의 증가는 인간을 속임수와 허위에 눈 뜨게 해 본성과 자연에서 점점 더 벗어나게 하고, 의심과 복잡기괴한 생각만 늘어나게 할 뿐이다. 세계에 대해서 뿐만 아니라 타인과 자신에게도 항상 이런 태도를 벗어날 수 없으니, 이는 배움의 가장 끔찍하고 가장 무기력한 모습이다. 불교 선종의 고승들은 다른 이들에게 자신은 아무런 덕도 능력도 없어서 먹고 자기만 할 뿐이라고 허풍을 떤다. 보통 사람은 처음 그런 이야기를 들으면 기가 막히고 우습기만 할 뿐이다. 하지만 집에 가서 곰곰이 생각을 해보면 '아니, 그게 아니지' 하고 무릎을 치게 된다. 우리는 그런 삶을 살라고 해도 살 수 없기 때문이다. 마음속에는 세계, 사회, 친척, 스승 등 별별 규범과 규율이 자리 잡고 있고, 배운 것도 많고 아는 것도 많기 때문에 생각이 많아질 수밖에 없는 것이다. 이때 평범하게 관습에 맞춰 행동할 것인지, 아니면 속박을 벗어나 자유롭게 행동할 것인지는 계속 마음속을 맴도는 난제가 된다. 이런 오만가지 생각과 갈등에 사로잡혀 만감이 교차하면 기쁨은 사라지고 온갖 근심은 삼태기로 쌓인다. 더욱 심각한 것은 이 와중에도 욕망은 끊임없이 일어나 인간은 본성을 잃어버리고 도를 떠나, 도와는 더욱 멀어지게 된다는 것이다. 결과적으로 천문지리를 많이 알면 알수록 마음의 골은 더욱 깊어진다. 큰 도는 평탄하며 쉬워서 모든 사람들이 지나갈 수 있다. 만일 자기 마음의 골조차 넘어설 수 없다면, 자기 심성만 어지럽히고 자기 인생을 망치는 것 아닌가? 이럴 때 노자는 이렇게 말할 것이다. "공부를 많이 하면 할수록 도에는 해가 된다. 爲學日益, 爲道日損(48장)"

이런 상황을 근본적으로 해결하기 위해, 노자는 '배움을 버리면 근심이 사라진다'는 명제를 제시한다. 또한 사람들이 항상 배우는 그런 학문들로 자기 인생의 교재를 삼을 것이 아니라 사람들이 버린 것들을 배우도록 요청한다. 즉, 타인이 배우지 않는 것을 배운다는 것이다. 여기서 '배우지 않는 것을 배운다'는 것은 배움을 완전히 포기하라는 뜻이 아니라 열심히 배움의 길을 정진하면서도 이 학문이 무위를 보조하는 천하의 도요, 사람이 천성을 회복하도록 도와주는 수단임을 명심하라는 뜻이다. 배움은 진정한 목적은 아니며 도야말로 진정한 목적이다. 도를 행하는 것은 자신의 뜻을 이루고 성공을 얻기 위해서가 아니다. 근본을 파헤쳐보면, 사실 도는 눈에 보이는 무엇을 이루어주진 않는다. 그저 나를 자연스럽게 할 뿐이다. 그러나 내가 자연스러워지면 도는 바로 내 안에서 이루어진다.

絶學無憂. (20章)

是以聖人欲不欲, 不貴難得之貨; 學不學, 復衆人之所過, 以補萬物之自然, 而不敢爲. (64章)

【 주 석 】

• 絶　버림

• 無憂　괴롭힘이 없음

• 欲不欲　원하지 않음을 원함

• 學不學　배우기 원치 않는 것을 배움. 곽점 갑조 간본에서는 '교불교敎不敎'로 적고 있다.

• 復　돌이킨다. 즉, 사람들의 잘못을 돌이켜 본질로 돌아가게 한다는 뜻.

• 以　백서 갑본에서는 '이而', 을본에서는 '능能'을 적고 있다. 이 세 글자는 고대에 서로 통용할 수 있었다.

【 해 석 】

배움을 버리면 근심이 사라진다. (20장)

그러므로 성인은 모든 이들이 싫어하는 것을 좋아했으며, 희귀하고 얻기 어려운 물건을 귀하게 여기지 않았다. 모든 이들이 배우기 원치 않는 것을 배워 사람들을 과오 가운데서 돌이키도록 했으며, 이로써 만물의 자연적인 변화를 돕지만 함부로 간섭을 하지는 않았다. (64장)

❈ 속임수를 쓰지 말라 ❈

수단과 이익을 버리면 도둑은 자연히 사라진다.

絕巧棄利, 盜賊無有

속임수를 쓰는 사람의 마음상태를 살펴보면, 힘을 적게 들여 큰 효과를 보거나, 최소의 비용으로 최대의 효과를 얻으려고 하기 때문이다. 이는 효율적인 거래요, 가장 확실한 생존방법이기에 자연히 많은 사람이 이 기교에 관심을 갖게 된다. 그러나 속임수를 쓰는 것은 분명 있는 그대로 행동하는 것보다 믿을 만하지 못하고 더군다나 서투른 성실보다도 못하기 때문에, '입에 침도 안 바르고 아부하는 말'이라든가 '말 잘해서 자기이익을 얻어내는 일' 등은 예로부터 사람들이 혐오하는 행동으로 손꼽혀 왔다.

공자는 《논어》 학이學而편에서 이렇게 말했다. "듣기 좋은 말과 보기 좋게 꾸민 얼굴 중에는 어진 사람이 드물다. 巧言令色, 鮮矣仁" 이와 관련해 사마천司馬遷은 《사기史記》 중니 제자열전仲尼弟子列傳에서 한 가지 에피소드를 적고 있다. 공자의 제자 중 자공子貢

은 말이 청산유수여서 변론에 능했다. 자공이 어찌나 말을 잘 하던지 말만으로도 천지를 들었다 놨다, 업어쳤다 메쳤다 했다. 그가 입조심을 하지 못할 때면, 공자는 항상 자공의 달변을 꾸짖으며 한쪽에 가만히 물러나 있도록 지시했다고 한다.

그러나 불행하게도, 자공을 이리 대했던 공자 본인 역시 도척盜跖에게는 '교묘한 위선자'라고 불리며 '말로 사람을 혹하게 하는 궤변가'와 '말만 잘하는 선동가'가 되었다. 이는 물론 그가 한 말의 내용은 살피지 않고 그가 어떻게 말했는가만 따지기 때문에 생긴 과격한 견해이다. 하지만 도척의 말도 일리가 있는 것이, 보통 사람이 볼 때 공자는 확실히 제대로 된 일은 전혀 하지 않는 사람이었던 것이다. 일단의 제자들을 데리고 사방으로 유세를 떠나 자공처럼 피리 불듯 혀를 나불거리는 사람들을 상대하면, 진정 값어치가 있는 일조차 속임수라는 오해를 받기 일쑤였다. 결과적으로 공자의 말을 들어보려는 사람은 많았지만 그를 중용하는 사람은 적었다. 그 후, 법가에서는 말로 사람을 부리는 유세가들을 발탁하지 않아야 한다고 역설했다. 《한비자》팔간八姦을 보면, "신하로 자처하며 제후의 도움을 구하는 유세가를 발탁하는 것은 나라 안에 말만 잘하는 사람을 키우는 것이다. 그들은 말로 사사로운 이익을 추구하며, 교묘한 글과 말로 정세에 민감한 말만 할 줄 안다."라고 주장했다.

《여씨춘추》논인論人에서도, 사람은 "귀와 눈을 잘 이용하고 애호와 욕망을 조절하며, 지혜와 모략을 없애고 교묘한 노련함을 제거해야 한다. 適耳目, 節嗜欲, 釋智謀, 去巧做"고 주장한다.

　아마도 이런 원인 때문에 노자 역시 제후들에게 유세하기 위해 국외로 여행을 다니지는 않았던 것 같다. 노자를 따르는 사람 중에 백구柏矩라는 이가 있었는데, 그는 노자의 학문이 뛰어나다는 것을 알고 노자가 거처하던 산을 나가 세상에서 활동하도록 극력 건의했다. 그러나 노자에게선 담담한 대답만 돌아왔을 뿐이었다. "됐다. 세상이 이미 이렇게 돼버린 걸 어쩌겠느냐? 已矣, 天下猶是也"그는 또 다시 그 흙탕물로 돌아가 뒹굴고 싶지 않았던 것이다. 백구가 아무리 진언해도 스승이 산 밖을 나갈 생각을 하지 않자 혼자 길을 떠날 수밖에 없었다. 그러나 제齊나라에 도착한 그는 자신도 모르게 하늘을 향해 부르짖으며 통곡을 해야 했다. 그는 제나라에서 "숨어서 일을 결정하고 이를 알지 못하는 자의 허물을 묻고 크게 어려운 일을 시키고는 제대로 해내지 못하는 자의 죄를 물으며, 무서운 임무를 맡기고 이를 감당하지 못하는 자를 벌하고, 먼 길을 가게하고는 이르지 못하는 자는 처형시키는 匿爲物而過不識, 大爲難而罪不敢, 重爲任而罰不勝, 遠其途而誅不至" 제나라의 실상을 보았기 때문이다. 그야말로 혼란의 극치였다. 난세에 백성들은 너도 나도 속임수를 행하며 요령을 피우게 된다.

　"백성은 지혜와 힘이 다하면 속임수를 꾸미게 된다. 날이 갈수록 위정자의 속임수가 늘어나면 백성들 중 속임수를 쓰지 않는 사람이 있겠는가? 무릇 힘이 다하면 속임수를 쓰게 되고 지혜가 다하면 거짓을 행하게 되며 재물이 다하면 도적질을 하게 된다. 도적질을 한다고 누구에게 책임을 물으려는 것인가? 民知力竭, 則以僞續之. 日出多僞, 士民安取不僞. 夫力不足則僞, 知不足則欺, 財不足則盜. 盜窃之行, 於誰責而可乎?《장자》 칙양則陽)"

이 모든 것은 노자가 일찍이 예상한 바였다. 그가 산을 내려가려고 하지 않은 이유는 이런 꼴불견들을 차마 참아낼 수 없고, 눈뜨고 볼 수가 없기 때문이었다. 그러나 사람들이 앞뒤 가리지 않고 다짜고짜 노자에게 한 마디만 가르침을 베풀어 달라고 떼를 쓰면 그는 이렇게 말할 뿐이었다.

"나는 거짓된 수단과 속임수를 반대합니다." 그는 지혜로운 변론이나 속임수, 교묘한 이익추구는 모두 인위적인 겉치레에 불과하다고 생각했다. "이 세 가지는 겉치레요 부족한 것이다. 此三者以爲文, 不足"

인위적인 겉치레는 일종의 기만행위다. 이것이 백성들에게 어떤 해악을 끼치는지, 효성과 자애로운 본성을 어떻게 매몰시키는지, 또한 어떻게 도둑질을 만들어내는지 생각한다면 이 세상에는 절대 확산시킬 수 없을 것이다.

물론 그가 모든 교묘함에 철퇴를 내린 것은 아니다. 그가 부정한 것은 단지 '속임수를 사용하고 싶어하는' 사람의 거짓된 마음과 거짓된 행동, 보기 좋게 잘 꾸민 말과 모습(57장)이다. '큰 신묘함大巧' 같은 교묘함에 대해서는 그도 지지를 하고 있다. 그의 분석에 의하면 이런 교묘함은 서투른 성실함을 내포하고 있기 때문이다. 이 서투른 성실함에 대한 그의 애정을 표현하기 위해, 그는 심지어 "큰 신묘함은 서툴러 보인다. 大巧若拙(45장)"라고 말한다. 즉, 진정한 신묘함은 분명, 혹은 필연적으로 첫눈에 보기에는 소박하고 서투르게 보이거나, 혹은 겉으로 보이는 모습뿐 아니라 내재적인 성질 또한 매우 서툴러 보인다는 것이다. 이를 행하는 사람은 청정하며 스스로 바르게 될 것이고, 이를 행하는 국가에는 도적이 사라지게 된다.

노자가 살았던 시대와 그 전후의 시대를 살펴보면 얼마나 많은 간악한 속임수들이 대중의 이익을 유린했으며, 얼마나 많은 진실한 사람들이 교묘한 말에 상처를 입고 억울한 누명을 뒤집어썼는지 알 수 있다. 이 사실을 이해하면 노자의 마음을 충분히 이해할 수 있고, 인생에 대한 그의 깊은 슬픔과 연민을 공감하고도 남을 것이다. 전해지는 바에 의하면, 공자는 노자를 방문해 어짊과 의로움을 논한 적이 있었는데, 노자와 헤어져 돌아온 후 '3일간 말을 하지 않았다. 三日不談《장자》천운天運'고 한다. 제자들은 모두 스승께서 왜 3일이나 강의를 하지 않으시는지 이상하기만 했다. 그러나 세기의 철학자 간의 만남이란 바로 이런 것이다. 서로의 인격에 영향을 미칠 뿐 아니라 마음속에서는 그보다 더 격렬한 사상대립이 벌어지는 것이다. 노자의 사상은 항상 사람들을 고요하고 순박하게 만들었다. 이번에는 공자가 그 영향을 받았을 뿐이다.

그러나 전통적인 중국인들에게 있어 "사람의 가장 근본적인 종착지를 깨닫도록 해 순박함을 간직하게 하고 사욕을 없애준다. 故令有所屬, 見素抱樸, 少私寡欲"는 말은 정말 동경할 만한 구절이다. 서투른 성실함이나 정직은 속임수나 수단보다 훨씬 가치 있다는 뜻이니 말이다. 그러나 마음속의 동경은 얼마를 하든 상관없지만, 동경과 현실은 역시 별개일 뿐이다. 현실에서는 항상 아쉬운 결과만 남게 된다. 안타까운 일이지만, 이 결과에 대해선 각자가 감당해 낼 수밖에 없다. 그렇기에 선량한 다수의 사람들을 위해서라도, 기회주의와 요령, 속임수들을 철저히 근절할 수 있는 방법, 확실한 사회적 제도를 생각해 내야 하지 않을까? 오늘날 우리들은 여전히 이런 제도가 탄생하기를 애타게 기원하고 있다.

絶智棄辯, 民利百倍; 絶僞棄詐, 民復孝慈 ; 絶巧棄利, 盜賊
無有. (19章)

【주석】

• 絶智棄辯   통행본通行本에서는 '절성기지絶聖棄智'라고 적고 있으며, 오
   늘날은 진고응의 《노자 금주금역》을 통해서 '성聖'은 최고의 인격수양
   의 경지를 나타내므로 '최고의 인격을 버리라(絶聖)'고는 하지 않았을
   것으로 확신하고 있다. 곽점郭店의 간본에 따라 '絶智棄辯'으로 바로잡
   았다.

• 絶僞棄詐   통행본에서는 '절인기의絶仁棄義'라고 적고 있다. 노자는 사
   람과의 교제에서 인을 숭상했다는 진고응의 설과 곽점의 간본에 의거
   해 '絶僞棄詐'으로 수정했다.

• 巧   여기서는 속임수, 수단을 말한다.

【해석】

지혜와 분별력을 버리면 백성에게 백배는 유익하다. 거짓과 속임수를 버리
면 백성이 효성과 자애로움을 회복할 수 있다. 수단과 물건의 이익을 버리
면 도둑은 자연히 사라진다. (19장)

❧ 오래된 것이 오히려 새로워진다 ❧

억울함을 당하면 오히려 보전하게 된다.

曲則全

우리는 일반적으로 이야기할 때, 그저 상식에 따라 논리를 전개하게 된다. 우리는 보통 사람이니까. 예를 들어 교수님이 강의 시간에 이런 이야기를 한다고 치자. "자기 자신을 보호할 줄 알아야 하지만 타인을 해쳐서는 안 된다. 압박과 수난을 당하는 환경에서 자신의 의지를 나타낼 줄 알아야 하지만 타인을 배척해서는 안 된다. 자신의 이상을 실현하기 위해 최선의 노력을 다해야 하지만 타인의 이익을 침해하거나 빼앗아서는 안 된다, 언제나 깨어있는 이성을 가져야 하지만 타인을 속여서는 안 된다." 듣는 학생들은 자연히 고개를 끄덕거릴 것이다. 모두 다 맞는 말이잖은가. 하지만 고개를 끄덕인다고 해서 그 말을 완전히 수긍했다는 뜻은 아니다. 실제 듣는 학생의 마음속 생각은 이렇다.

'아니, 수업이라고 좀 들으려고 왔더니 뭐가 중요하다고 그런 걸 가르치려 하세요? 강의실의 교수님이 마치 부엌에서 밥하다 나온 우리 엄마 같을 줄이야! 엄마는 그래도 뭘 가르칠 때면 자기는 '아는 게 없는 무식쟁이'라고 겸손이라도 떨 줄 아시지, 그 고리타분한 이야기를 그렇게 자랑스럽게 하시다니, 교수님, 이게 무슨 관계가 있다고 그런 이야기를 하시는 건가요?'

하지만 학생에게 '반드시' 어떻게 해야 한다는 도리가 아니라 '어떻게 하면' 뭔가를 할 수 있는지 방법을 가르친다면 상황은 바로 180도 달라진다. 노자는 이렇게 사람들에게 '어떻게'를 가르치는 데 능숙했던 사람이다. 그는 진정 자신을 보전하기 원하는 사람은 먼저 억울함을 당해야 한다고 말한다. "억울함을 당할 수 있는 사람만이 모든 것을 가질 수 있다."는 주장이다. 막 들었을 때는 전혀 이해가 안 된다. 그러나 다시 생각해 보면 이해가 쉽게 된다. 아내(남편)하고 대판 부부싸움을 했다고 치자. 아무리 생각해 봐도 상대방의 잘못이 분명하지만 상대방은 자기 생각이 옳다고 끝까지 버럭버럭 우기고 있다. 이때 내가 먼저 '자기 생각을 굽혀 좀 억울해지는 것'은 어떨까? 설마 정말로 상대방이 '내 머리는 돌대가리예요'라고 인정하길 바라는 건 아니겠지? 설령 끝까지 우겨 울며 겨자 먹기로 상대방의 인정을 받아냈다고 치자. 그럼 앞으로 결혼생활은 과연 행복할까? 이 가정은 유지될 수 있을까, 없을까? 그래서 지혜로운 사람은 언제든지 억울함을 당하고 자기를 보전할 준비가 되어 있다.

다른 예를 들어 보자. 여기 진리를 고수하며 외골수의 길을 걸

어가는 사람이 있다. 그는 사방의 압력이나 보조를 맞춰주지 않는 방관자적 태도에 부딪히게 될 것이다. 심지어 악한 마음으로 음해하는 세력을 만날 수도 있다. 이때 어떻게 할까? 싸워야 하나? 타인의 무지함과 뻔뻔함을 있는 대로 까발려 자신을 보호하려는 방법은 과연 최선책일까? 마지막에 시비가 가려지게 되면 진리를 좇으려는 사람은 과연 어디로 향할까? 물론 시공을 뛰어넘어 고금의 역사를 살핀 결과를 말한다면, 사람은 근본적으로 항상 선을 추구하려는 경향이 있다. 사람들은 분명 합리적인 진리를 좇아가게 되어 있다. 그러나 문제는 지금 우리가 직면하고 있는 현실이다. 호랑이 담배 피우던 시절의 이야기를 하자는 것이 아니다. 주위 사람들의 미움을 받게 된다면 나 자신의 바른 길을 어떻게 실현할 수 있을까? 그래서 자신의 정당함을 증명할 수 있을까? 그러므로 어떤 때는 처음의 입장에서 후퇴하여 자신의 고집이 어쩌면 문제가 있을 수도 있다고 겸허히 인정해야 마침내 자신의 뜻을 실현할 수 있게 된다. 잠시 고개를 숙이는 것은 곰처럼 목만 숨기는 어리석은 행동을 하라는 뜻이 아니라 다음 단계를 위해 일보 후퇴하라는 뜻이다. 그리고 나면 허리를 더욱 꼿꼿하게 펼 수 있게 된다. 이것이 노자가 우리에게 알려주는 '어떻게'의 방법이다.

다른 비슷한 예도 있다. 자신을 비워 자기 뜻을 주장하지 않을 때에야 비로소 득의양양하게 성공할 수 있다. 조건이 안 좋은 상황에서도 뜻을 이뤄가고자 노력하는 사람은 발전할 수 있다. 노자는 이 도리들이 전부 대자연 속에서 깨달을 수 있는 단순한 진리라고 말한다. 그래도 이해가 어렵다면 길가에 있는 웅덩이를 한 번 살펴보라. 그곳 웅덩이 근처에 있는 늙은 고목을 눈여겨보자. 그 나무의 말라비틀어진 모습은 이미 말라죽은 것이 아닌가 하는 의심을 일으키기 충분할 것이다. 그러나 이런 황량함 속에서 고목은 여전히 수많은 낙엽을 흩날리고 이듬해에는 다시 힘차게 새 싹을 틔우는 생기 넘치는 모습을 연출할 것이다.

세상엔 많고 많은 사람이 '반드시'라는 의무를 강조하고 있다. 그러나 '어떻게'라는 도리를 가르쳐 주는 사람은 적다. 그중에서도 노자처럼 바른 진리를 가르쳐 주는 사람은 정말 극소수에 불과하다.

曲則全, 枉則直, 窪則盈, 幣則新, 少則得, 多則惑. (22章)

【 주 석 】

- 枉 굽히다
- 直 바르다. 여러 고본에서 '정正'으로 적고 있다. '正'과 '直'은 서로 바꾸어 사용할 수 있다.
- 窪 혹은 '와洼'를 사용하기도 한다. 낮고 파인 곳을 말한다.

【 해 석 】

억울함을 당하면 오히려 보전하고, 굽히면 오히려 펼 수 있다. 낮은 웅덩이는 오히려 가득 채워지며, 낡고 오래된 것은 오히려 새로워지고, 적게 취하면 많이 얻고, 탐욕으로 많은 것을 취하면 의혹을 받게 된다. (22장)

▌ 욕망의 깃발 ▐

화 중에 가장 큰 것은 만족을 알지 못하는 것이다.

禍莫大於不知足

욕망이란 모든 행위가 발생하는 내적인 원인이다. 욕망이 없으면 만물의 생장과 발전은 동력과 근거를 상실하게 되고 인간세상의 모든 것 역시 너무나 평온하여 활력을 상실하게 된다. 노자는 한 편으로는 "만물이 생장하면 욕망이 생기게 된다"는 객관적인 현실을 긍정했지만, 또 다른 한 편으로는 욕망에 휘둘리는 위험에 대해서 깊이 공감하고 있었다. 그래서 《도덕경》 중 여러 곳에서 욕망을 제거하는 문제에 대해 다루고 있다.

그의 이해에 따르면, 인간에게 욕망이 생기는 이유는 만족을 알지 못하기 때문이다. 만족을 아는 사람은 사사로운 이익에 정신이 팔리거나 경쟁 때문에 동분서주 뛰어다니지도 않고, 또 자신의 낮은 지위를 부끄러워하며 타인의 도움을 얻으려고 아부나

뇌물을 사용하는 일도 하지 않는다. 도를 아는 것이 한 사람의 부유함이나 신분의 존귀함에 따라 결정되는 것이 아니라면, 부와 존귀가 대체 무슨 소용이란 말인가? 정말로 깨달아야 할 것은 만족이다. 만족을 알 때 진정한 부유함이 있고, 이 부유함을 영원토록 누릴 수 있다. 그게 무슨 이야기냐고? 만족을 아는 사람은 대부분 자신이 이미 가진 모든 것에 만족할 수 있다. 그래서 이런 마음에는 다른 요구사항이 있을 수 없다. 사람에 대한 요구뿐 아니라 세상에 대해서도 마찬가지다. 한 번 잘 생각해보자. 모든 것에 전혀 요구사항이 없는 사람이 있다면, 누가 그를 수치스럽게 할 수 있을까? 그래서 노자는 이렇게 말한다. "만족을 아는 자는 수치를 당하지 않는다. 知足不辱(44장)"

그렇다면 성인은 욕망의 늪에서 빠져 헤어 나오지 못하는 다른 사람들을 위기에서 건져내기 위해 어떤 도움을 줄 수 있을까? 노자의 답은 자신감이 없어 보이기도 하고 어떤 면에서는 곰같이 어리석은 대답처럼 보인다. 사람들에게 "욕망을 일으키는 대상을 보여주지 말라. 不見可欲(3장)"라고 했기 때문이다. 이렇게 할 때만이 인간의 마음은 미혹과 혼란에서 벗어날 수 있다고 여긴 것이다. 그러나 그 자신도 이 방법은 전혀 현실적이지 않다는 것을 잘 알고 있었다. 그래서 텅 비고 잔잔한 마음을 가져 눈과 귀에 좋아 보이는 것들을 없애버리고 자신의 본질적인 요구만을 고수하며 '선입관이나 욕망이 없는 상태 無知無欲'를 실천하라고 건의한다. 어떻게 하면 우리가 탐욕이 없이 고요한 평정에 이를 수 있으며, 천하는 자연히 안정과 평정을 얻을 수 있을까? 그가 제시한 답안은 도를 가지고 본연의 특질, 즉 진실함과 순박함을 이용하라는 것이다.

앞에서 노자는 이미 '무위' '무경쟁' '청정' 등의 장점에 대해 이야기한 바 있는데, 여기서는 욕망의 제거에 대해서 다루고 있다. 그의 말뜻은 사람이 나무토막이 되어야 한다고 한 것이 아니라는 것을 잘 새겨들어야 한다. 이 세계의 풀과 나무에게도 생리현상이 있고 욕망이 있듯이 말이다. 그는 우리가 욕망에 이끌리는 인생이 되어서는 안 된다고 말한 것뿐이다.

하지만 아쉬운 점은 이 점에 대해 깨닫는 사람은 극소수라는 것이다. 오늘날 사람들이 이 점을 깨닫는 것은 더욱 어렵다. 이 시대를 사는 절대다수의 사람들은 과거 궁핍했던 시절의 끔찍한 기억을 막 벗어난 상태기 때문에 무엇이 만족인지, 얼마나 많은 것을 가져야 만족을 논할 수 있는지, 아직은 합리적인 판단을 내릴 수 없기 때문이다. 사람들의 기준이 너무 많으면 기준의 통일을 이루기가 어렵다. 세상 모든 사람들이 다 '만족을 아는 것만이 수치를 당하지 않는 진리'라고 인정을 한 것도 아님은 더욱 분명하다. 이 부분에 대한 인생경험이 부족한 사람들은 노자의 말을 가소롭게 여겨 농경사회의 공상이라고도 하고, 시대에 뒤떨어지는 사상이며 냉소주의cynicism의 유혹이라고도 비웃는다. 이런 유의 회의와 조소는 어디서든 항상 터져 나온다.

고대 서양의 냉소주의자들은 대부분 간단한 옷과 음식을 입고 먹고, 생활이 검소하고 소박했으며 극기를 중시하고 명예와 이익을 숭상하지 않았다. 그들이 말하는 '자연으로의 회귀' 및 고행철학은 노자 및 도가의 모습과 어느 정도 흡사하다. 안타깝게도 지금 그 후대인들은 이런 교훈에는 전혀 공감하지 않고 있다. 그런 사람들은 영원히 만족을 모를 때만 영원한 진보를 이룰 수 있다고 생각한다. 사람은 반드시 자연으로 돌아가야 하지만 반드시 충분한 자금을 가지고, 전세 크루즈나 전세기를 타고 돌아가야 하며, 앞에는 비서, 뒤에는 보디가드가 길을 인도해 주어야 한다고 생각한다. 만일 그렇지 않다면, 아무리 이야기를 해봐야 허튼소리로 밖에 여기지 않는다.

　인생을 열심히 살아가는 사람들의 마음속에도 분명 이런 생각들이 새겨져 있을 거라고 생각한다. 젊은이들은 이런 생각들을 인생목표로 삼고 격려도 받을 것이다. 그래서 욕망의 깃발은 지금까지도 하늘높이 치솟아 있으며, 욕망이란 주제는 현시대의 모든 문학, 시부터 소설, 산문, 희곡에까지 넘쳐나고 있다. 영화나 드라마는 더 말할 필요도 없을 것이다.

道常無爲, 而無不爲. 侯王若能守之, 萬物將自化. 化而欲作,
吾將鎭之以無名之朴. 無名之朴, 夫亦將不欲. (37章)
咎莫大於欲得, 禍莫大於不知足. 故知足之足, 常足矣. (46章)

【 주 석 】

- 無爲 순리에 따라서 행동하되 함부로 경거망동하지 않는 것. 왕필은
  '자연을 따르는 것이다 順自然也'라고 주석을 달고 있다.

- 無不爲 도가 모든 것을 생장시키므로 하지 않는 것이 없다고 한 말이
  다. 이 구절은 곽점 간본에서는 '도항무위道恒無爲'라고 적고 있으며, 백
  서 갑, 을 본에서는 '도항무명道恒無名'이라 적고 있다.

- 自化 스스로 낳고 길러 성장한다.

- 鎭 간본에서는 '貞'으로 기록하고 있다. 바르게 하다, 평안케 하다는 뜻
  이다.

- 無名之朴, 夫亦將不欲 간본에서는 '無名之朴'라는 구절이 중복되지
  않고 있다. '夫亦將不欲' 이 구절은 간본에서는 '夫亦將知足'이라고 적
  고 있다.

- 不欲以靜, 天下將自正 간본에서는 '지족이정, 만물장자정 智足以靜,
  萬物將自定'이라고 적혀 있다. '正'은 하상본에서는 '定'으로 적고 있다.

- 咎 재앙. 이 구절은 왕필본에서는 '禍莫大於不知足, 咎莫大於欲得'이
  라고 적고 있다. 오늘날은 곽점 간본에 의해 순서를 정정했다. 또한 이
  구절은 통행본과 간본, 백서본이 서로 조금씩 다르게 전해지고 있다.
  간본은 '罪莫厚乎甚欲, 咎莫憯(僭)乎欲得, 禍莫大乎不知足'이라고 적
  고 있으며 백서본에서는 '罪莫大於可欲, 禍莫大於不知足, 咎莫憯於
  欲得'이라고 적고 있다. 진고응은 간본의 순서에 가장 큰 무게를 두
  었다.

도는 영원히 순리를 따르며 자연스럽지만 제멋대로 행동하지 않는다. 오직
이런 이유로 도는 행하지 않는 것이 없다.

제후와 왕이 이를 지킬 수 있다면 만물은 자연히 생장하게 된다. 생장하여
욕망이 생기게 되면, 나는 도의 진실함과 순박함으로 이를 다스린다.

도의 진실함과 순박함으로 욕망을 다스리면 욕망은 사그라진다. 욕망이
사라져 평정을 찾으면 천하는 자연히 안정된다. (37장)

재앙 중에 가장 큰 재앙은 탐욕이며, 화 중에 가장 큰 것은 만족을 알지 못
하는 것이다.

만족의 족함을 아는 자는 오래도록 만족을 누릴 수 있다. (46장)

덜어내어 무위에 도달하기

도는 많아질수록 교묘한 속임수가 줄어든다.

爲學日益

이런 일이 일어날 수 있을까? 때론 공부를 많이 하면 할수록, 지식과 견문이 풍부해지면 풍부해질수록 내면의 아름다움이 점점 더 늘어나기는커녕 오히려 점점 더 사라지고, 결국엔 주위사람이 보기에도 혐오스러워지는 경우. 또, 이 사람이 공부를 하기 전에는 그래도 괜찮았는데 공부를 하면 할수록 성격이 이상하게 변하고 상황이 점점 더 나빠진 경우 말이다.

우리는 생활 속에서 이런 판단을 뒷받침해 줄 만한 예를 적지 않게 보아왔다. 예를 들어 어떤 지식인은 보통사람은 이해하기 어려운 괴팍함 때문에 가까이하기 매우 어렵다. 그러나 이 경우는 그래도 나은 편이라 해야 할 것이다. 어떤 지식인은 얼굴은 선량하기 그지없는데 마음은 악마 같아서 사람을 모함하고 음해하는 것과 타인을 배척하는 것을 매우 좋아하며, 심지어 지식과 두뇌를 이용해 인륜에 어긋나는 죄를 저지르고 최첨단 과학기술로 범죄를 일으키기 때문이다. 이런 자들을 보게 되면 상식에 대한 사람들의 신뢰는 한꺼번에 무너져 내린다.

이렇게 특이하고도 역방향적인 대응관계는 노자가 매우 좋아하는 주제이며, 특별히 많은 시간과 정력을 쏟아 연구하던 분야였다. 허구적이며 악이 충만한 개인 취향에 대처하는 그의 기본적인 관점은 바로 이런 것이다. "이런 공부는 많이 하느니 차라리 좀 줄이는 것이 낫다." 그는 이렇게 일부러 줄이는 것을 '덜어 낸다'라고 했는데 이는 '많아지는 것'에 대응하는 개념이다. 또한 가장 좋은 상태는 덜어내고 덜어내어(줄어들고 줄어들어) 무위에 이르는 것이다. 중국 철학사상 중 이런 '덜어냄'의 사상은 노자에게서 가장 크게 나타난다.

물론 노자가 상술한 주장은 특별한 상황을 지적하는 것이다. 바로, 당시 사람들이 교묘한 술수를 사용하기 시작하면서 행위가 위선적이 되고 정치, 종교, 예의, 음악을 배운다 할지라도 개인의 이익과 명예추구에만 사용할 뿐 도는 전혀 수양하지 않는 일이 보편화 되었다는 상황에 대한 지적이다. 《한서漢書》 예문지藝文志에서 언급한 비슷한 내용을 찾아보면, 제자의 학문은 "왕도가 쇠약해지므로 한꺼번에 일어났고 제후는 힘써 정치를 논했는데, 당시의 군왕과 군주들은 좋아하는 것과 혐오하는 것의 차이가 매우 컸다. 제자들은 9가의 논리를 빌어 벌떼처럼 일어나, 각자 한 파의 이론을 펼치며 그 장점을 숭상하여, 너도나도 유세를 펼치며 제후들의 환심을 샀다. 皆起於王道衰微, 諸侯力政, 時君世主, 好惡殊方. 是以九家之說, 蜂出并作, 各引一端, 崇其所善, 以此馳說, 取悅諸侯" 특히 전국시대 이래 제후들이 함께 일어나 각지의 지식인들을 후한 대우로 모집하므로 지식인들은 이 소식을 듣고 각자가 배운 대로 자유로운 논의를 벌였지만, 군주 앞에서는 마음과 다른 말을 하며 골목에서는 이러쿵저러쿵 왈가왈부한 상황과, 상앙商鞅이 "성인의 다스림은 여러 가지를 금함으로 능력을 제한시키고, 힘을 길러서 속임수들을 근절해야 한다.《상군서商君書》산지算地"이런 주장을 볼 때, 당시 지식인들의 배움은 정확하지 않았으며 확실히 각종 복잡한 현상들이 동시다발적으로 출현했음을 알 수 있다. 따라서 그의 주장은 근본적으로 지나치고도 과격한 것이라고 보기 어렵다.

하지만 이런 현상을 변화시킬 수 있는 힘은 매우 미미하기만 했다. 그렇다면 어떻게 해야 할까? 수많은 사람이 큰 곤혹에 빠졌다. 노자의 의견에는 일말의 분노의 감정이 어려 있긴 하지만 그보다 더 많은 것은 무력감이라 할 수 있다. 어쩌면 "모든 사물은 때론 덜어내야 더해지게 되고, 때론 더해도 덜어지게 된다"는 말과 같은 느낌일지도 모르겠다. 때로는 지식을 증가시키는 것이 속임수와 위선을 행하려는 마음만 더욱 뜨겁게 하고 도를 행하려는 마음은 반감시키고 만다. 때로는 더 많은 학문을 배우려는 학구열을 덜어낼 때 오히려 진리를 향한 순수한 마음을 배양할 수 있다. 심지어 그 명예와 이익을 얻으려는 학구열을 덜어낼 때,

학문 자체는 더욱 깊어지게 된다. 이것이 바로 노자가 주장한 변증법이다. 이런 변증의 논술을 통해 노자는 자신의 주장을 더욱 일반화하여 보편적인 의미를 가진 방법론으로 창조해냈다.

노자는 다른 사람들이 말하는 것처럼 지식 자체를 아예 원하지 않거나 지식의 가치를 깎아내린 것이 아니라, 오히려 외부세계에 대한 충만한 탐구열정과 학문을 위한 순수한 열정을 가지고 있었음을 알 수 있다. 그렇지 않았다면 이렇게 분명하고 투철한 이론을 말하기 어려웠을 것이다. 우리도 잘 알다시피, 그의 말을 문자적으로만 이해해서는 안 된다. 달리 말하자면, "맞는 말은 틀리게 들린다. *正言若反*(78장)"라는 그의 말을 정확하게 이해했다면 지식은 반드시 필요한 것임을 확신하게 될 것이다. 설마 학문을 배우는 데 있어서 '줄이고 줄이는 일'이 정말 존재할까? 그럼 모두가 바보가 되어야 정상이겠지.

故物或損之而益, 或益之而損. (42章)

爲學日益, 爲道日損. 損之又損, 以至於無爲. (48章)

【 주 석 】

• 學　여기서는 정치, 종교, 예의, 음악의 학문을 가리킨다.

• 日益　하상공은 '정욕과 꾸밈이 날이 갈수록 늘어나면'이라고 주하고
있다.

• 道　자연의 도를 가리킨다.

• 日損　하상공은 '정욕과 꾸밈이 날이 갈수록 줄어들면'이라고 주하고 있
다. 백서 을본에서는 '문도자일손聞道者日損'이라고 적고 있다.

【 해 석 】

모든 사물은 때론 덜어내야 더해지게 되고, 때론 더해도 덜어지게 되다.
(42장)

배움은 많아질수록 교묘한 속임수가 늘어나고, 도는 많아질수록 교묘한
속임수가 줄어든다. 줄어들고 줄어들어 무위의 경지에 이르게 된다. (48장)

재물은 모을수록 갈증이 난다

재물을 과하게 모으면 반드시 처참한 손실이 온다.

多藏必厚亡

사람들은 과거의 모든 것을 아름답게 미화하는 경향이 있다. 돈에 대해 이야기하자면, 돈은 세상 모든 사람들이 좋아하는 것이다. 동서고금을 둘러본다 해도 이 사실에는 예외가 없을 듯하다. 그러나 우리는 항상 덧붙여서 말하길 "그건 지금이나 그렇지 예전에는 절대 그렇지 않았다."라고 한다. 만일 이 '예전'을 고대로까지 연장시킨다면 고대 사람들은 절대 그렇지 않았을 것이다. 이것이 바로 "세상 풍조가 나날이 안 좋아진다."라고 사람들이 탄식하는 이유이다.

노자가 살던 시대에서 만일 고대를 논했다면 그것은 상고사회일 것이다. 그 시대에 대한 논평을 보면, 사람의 선한 본성에 대해 별다른 믿음이 없는 법가까지도 매우 좋았다는 칭찬을 아끼지 않고 있다. 다른 사상가들을 살펴보면 더욱 칭찬 일색이다. 모두 "고대의 군자는 이익을 백성에게 돌리고 자신은 손해를 보았으며, 정당한 것은 백성에게 돌리고 비뚤어진 것은 자신에게 돌렸다. 그러므로 한 사람이라도 자신에게 실수가 있을 때는 물러서서 자신에게 책임을 돌렸다. 古之君人者, 以得爲在民, 以失爲在己; 以正爲在民, 以枉爲在己. 故一形有失其形者, 退而自責(莊子)" 그러나 그 후에는 그렇지 않았다. 그 군주들의 욕망이 너무나 커져 천하를 손아귀에 넣고 자기 배불릴 생각만 했고 뒤로 가면 갈수록 점점 더 엉망진창이 되었던 것이다. 어떤 이는 위풍당당한 모습에 존귀와 위엄이 가득했지만 그건 겉모습일 뿐, 모두 썩어빠진 인재들이라 아무리 고르고 골라도 도토리 키재기일 뿐이었다. 만일 성군과 폭군을 반드시 가려 현명함과 어리석음을 굳이 판단해야 한다면 그저 '누가 더 썩었나' 콘테스트를 벌이게 될 뿐이라고 할까?

즉, 재물을 사랑하는 정도는 군주마다 개인차가 있었지만 재물을 사랑했다는 면에서는 모두 똑같았다는 것이다. 어떤 이는 손에 넣을 수만 있다면 수단과 방법을 가리지 않고 재물을 얻으려 했고, 그래도 손에 넣지 못한다면 나라의 흥망이 걸린 전쟁을 일으켜서라도 반드시 손에 넣었다. '입에 든 것이 너무 많아 삼키지 못하는 것'은 그들이 관여할 바가 아니었다. 재물과 함께 탐심이 끊임없이 늘어나자 백성과 함께 사리사욕을 다투는 것은 물론, 백성의 공익까지도 공공연하게 도적질했다. 조정은 엉망진창이 되고 농지는 황폐해졌으며 국고는 텅 비었지만 그들은 여전히 기름진 생활을 누렸다. 예를 들어 아름다운 옷을 입고 날카로운 명검을 가지며 명주名酒와 산해진미를 배불리 먹고 마시고 재물을 가득 소유했고, 나라 이곳저곳을 들쑤시고 다니며 눈에 보이는 게 없는 듯 교만한 삶을 살았다. 노자는 이런 행동을 차마 입에도 담기 싫어해 그들을 '도과盜誇(53장)'라는 직설적인 이름으로 불렀다. 무엇이 도과인가? 한비자의 해설을 인용하자면 바로 '도둑 중의 괴수'를 말한다.

　노자는 성인은 '진귀한 물건을 귀하게 여기지 말아야 한다'고 생각했다. 이는 '사람이 옳은 길을 가는데 방해가 되기 令人行妨' 때문이다. 즉, 사람의 행실을 수양하고 좋은 품격을 유지하는데 방해가 된다는 이야기이다. 《예기禮記》 빙례편聘禮篇에서 말하는 "진귀한 보화가 많으면 덕을 상하게 한다. 多貨則傷於德"는 것이 바로 이 뜻이다. 선진先秦시대에는 '물건은 귀하게 여기고 지식인은 천시하는' 기풍이 유행했음《국어國語》진어칠晉語七)을 생각할 때 그 역시 성인은 '희귀하고 귀중한 물건을 귀하게 여기지 않아야 한다'고 생각했음을 알 수 있다. 이 말에는 자기 수양의 목적 외에도 실제 타인의 잘못까지 고쳐줄 수 있다는 뜻이 내포되어 있다. 예를 들면 "진귀한 물건을 귀중히 여기지 않으면 백성들의 도둑질하고 싶은 마음을 없앨 수 있다. 不貴難得之貨, 使民不爲盜(3장)"라는 말이 바로 그 뜻이다. 그러나 성인군자들도 노자를 크게 절망하게 한 마당에, 그들이 타인의 잘못을 고쳐준다는 것은 어디 가당키나 한 말일까? 자기 자신마저 더 이상 손을 쓸 수 없을 정도로 부패하게 되었으니 말이다.

그래서 노자는 그저 음조를 낮춰 마음속에서 우러나는 진심으로 거듭 우리를 달랠 뿐이다. "금전과 재물이란 것은 이 세상에 탄생하는 그 날부터 돌고 돌게 되어 있어. 그것을 자기 주머니 속에만 가둬두려고 하는 것은 어리석은 생각이야. 게다가 금은 보화란 태어날 때 가지고 오지 않았고, 죽을 때도 가져가지 못하는 것인데, 우리라고 붙잡아 둘 수 있단 말인가? 재물은 모으면 모을수록 더 처참한 잘못만 초래할 뿐이라고!"

그러나 그의 말을 듣는 사람은 아무도 없었다. 혹자는 '내가 다 못 쓰고 죽으면 자손들한테 물려주면 되지.'라고 생각할지도 모르겠다. 그러나 노자는 이 역시 혼자만의 백일몽일 뿐이라고 말한다. 아무리 자손들에게 물려준다고 해도 그 재물을 완전하게 보존하리라고 장담할 수는 없기 때문이다. 마치 약이 사람을 살릴 수도 있지만 죽일 수도 있는 것처럼, 돈 역시 사람에게 복을 가져다줄 수도 있지만 재앙을 초래할 수도 있다. 내 자녀들이 본래는 착하고 좋은 품성을 가졌다 할지라도 갑자기 거액의 불로소득이 생긴다면 과연 어떻게 변할까? 올바른 가치관이 없다면 돈은 쉽게 벌어도 돈을 관리하기는 어려울 것이다. 어쩌면 타락하여 오랜 방탕의 나날을 보낼 수도 있을 것이고, 어쩌면 부잣집 자제처럼 방탕하게 생활하다가 학구열을 잃어버리고, 높고 큰 포부까지 함께 잃어버릴 수도 있으니 어떻게 하면 좋을까? 내 아들 딸들이 본래 훌륭한 뜻이 있는 청년이라 하더라도, 돈만 손에 쥐었다 하면 "손가락 사이로 돈이 줄줄 새어나가 한 푼도 남지 않을" 가능성이 적지 않다. 가장 걱정되는 것은 자기 자녀들이 도대체 어떤 악을 저지르게 될지 부모는 전혀 예측할 수 없다는 것이다. 패가망신은 각오한다고 치더라도, 가문의 기풍까지 완전히 무너뜨린다면 결과는 더욱 끔찍해진다. 이것이 바로 소위 '아무리 훌륭한 아버지라도 패륜아를 낳을 수 있다'라는 상황이다. 결과적으로 다른 사람을 도와줄 수 없는 건 물론이고, 자기 먹고 사는 문제 하나 해결할 수 없게 될 것이다. 상황을 아는 사람들은 모두 그가 예전에는 명문가의 촉망받는 자제였다는 걸 알고 혀를 찰 것이지만, 상황을 모르는 사람들은 어디서 남한테 빌붙을 빈대나 동네 건달이 하나 더 굴러들어왔다고 여길 것이다.

서양의 경우와 고대와 현대의 경우를 살펴보자. 이런 상황이 과연 얼마나 될까? 서양에는 이런 속담이 있다. The father buys, the son bigs, the grandchild sells, and his son begs. 이 속담을 번역하자면 "아버지는 사들이고 아들은 고치고 손자는 팔고, 증손은 구걸한다."는 뜻이다. '재물을 과도하게 모으면 반드시 처참한 손실을 보게된다'라는 노자의 말이 시간의 긴 터널을 지나 서양에 가서 울려퍼진 격이라고나 할까?

그럼 이제 재물 때문에 상처를 입은 사람들, 혹은 부자들에 불편한 시선을 가진 사람들을 다시 한 번 살펴보도록 하자. 이런 사람들에게 노자의 말은 아주 속 시원하게 들릴 것이다. 하늘의 뜻은 공평하다는 걸 깨닫고 마음에 큰 보상을 받았으니 말이다. '안 먹고 안 입고 악착같이 돈을 모은 아버지 밑에는 분명히 패가망신하는 아들이 있게 마련이지. 돈이 많은 게 뭐가 좋아? 도를 알게 되면 집도 작아지고 사업도 작아지고, 하지만 근심은 적어지지. 반면 돈지갑이 무거워지면 마음의 근심은 더욱 무거워지게 돼. 그러니까 돈에는 날개가 달려 있어서 쉽게 날아간다는 말이야. 많이 얻으면 많이 잃고, 적게 얻으면 적게 잃게 되는 걸. 다른 사람도 고집은 그만 피우고 이 사실을 받아들이면 얼마나 좋아?' 이렇게 생각하면 인내할 수 있고, 평범하지만 청빈한 생활을 계속해 나갈 힘도 생기게 된다. 그러고 보면 사망 후, 일생동안 돈 버는 기계가 되어 허리띠 바싹 졸라매고 살아온 당신만 지하에서 괴로워 할 것이 뻔하다. 그때 가서야 어른이나 아이나, 안사람이나 바깥사람 가릴 것 없이 가족 모두 가정을 위해 열심히 일하는 것이야말로 가장 좋은 방법이란 사실을 깨닫게 된다면, 너무 늦은 감이 있다. 유산을 아들과 손자에게 물려주는 방법은, 자손들이 현명해도 돈이 많으면 기상을 잃어버릴 위험성이 크고, 현명하지 못하면 돈이 많을수록 더 심각한 결과를 초래할 것이기에 마음은 더 뒤숭숭할 것이다. 하지만 죽어서 이미 땅 속에 묻힌 사람이 어떻게 산 사람의 인생을 간섭할 수 있을까?

서양 철학자 쇼펜하우어Arthur Schopenhauer는 이렇게 말했다. "부 富는 바닷물과 같다. 마시면 마실수록 더 심한 갈증을 느끼게 된다." 이 갈증의 문제가 바로 내 남은 인생이 달린 중대한 문제라는 사실, 모두 명심하시라!

多滿必厚亡. (44章)
是以聖人欲不欲, 不貴難得之貨. (64章)

· 厚　심각하게, 많이
· 欲不欲　욕심이 없음을 욕심으로 삼다.

재물을 과도하게 모으면 반드시 처참한 손실을 보게 된다. (44장)
도를 아는 사람은 욕망이 없음을 자신의 욕망으로 삼고, 희귀하고 귀중한
물건을 귀중하게 여기지 않는다. (64장)

【 4부 】

현자는 고독하다

유쾌한 노자,
현대인과 소통하다

지식인의 초상

망설이며 신중한 모습은 겨울에 강을 건너는 듯하다.

豫兮若冬涉川

지식인이란 어떤 유형의 사람이며 어떤 특징을 가질까? 당사자가 아니면 대답하기 다소 어려운 질문이다. 지식인이 생각할 때 지식인의 생활은 모두 자연스러운 원인 때문에 아주 자연스럽게 표출되는 것이다. 그러나 다른 사람은 대부분 전혀 그렇게 생각하지 않는다. 지식인들은 쓸데없는 생각이 너무 많다고 여긴다. 결과적으로 지식인들이 보통사람들 하는 대로 무조건 따르다 보면 바보가 되어버리고, 보통사람들을 멀리하면 미쳤다는 소리를 듣기 십상이다. 그래서 지금까지도 수많은 지식인이 어떻게 처신해야 할지 몰라 곤혹스러워한다. 이 세상에서 "나는 누구인가?"라는 자아 탐색형 질문을 가장 많이 던지는 사람들은 바로 지식인일 것이다.

노자 역시 지식인에 대한 정의를 내리기 쉽지 않았던 것 같다.

그래서 각종 비유를 들어가며 설명에 무진 애를 쓰고 있다. 《도덕경》 중에서 이렇게 열심히 설명을 한 부분은 자신과 도에 관한 부분, 딱 두 곳 뿐이다. 그의 판단에 의하면 고대에 진정 도를 알고 행하는 사람은 대부분 오묘하고 측량할 수 없는 진리를 통달하고 있으며 일반인은 헤아릴 수 없는 도량을 가지고 있었다. 그런데 이런 통달함과 도량이란 잘 드러나지 않는 것이기에 결과적으로 "지식인은 **이다!"라고 꼬집어 설명하기가 어려웠다.

꼭 설명을 해야 한다면 대개는 위에서 말한 대로 작은 일에 극히 조심하며 자연에 따르고, 순박하고 아무것도 모르는 듯하며, 가득 채워지는 자만을 추구하지 않는 특징을 갖는다. 자신의 재기才氣를 감추고 속세에 묻혀 넓은 가슴에 모든 것을 포용하는 지식인의 모습은 더욱 대단한 일이다. 여기에 자연에 모든 것을 맡기는 삶의 태도와, 자신의 본질을 지키는 순박함, 만물을 용납하는 겸허함, 스스로 자만하지 않고 항상 새로워지려는 마음 등은 모두 노자가 거듭 강조한 품격이다. 그는 이런 품격이 모두 도를 깨달아 행하는 지식인의 특징이라고 규정하며, 사람에 대한 정의를 내릴 뿐 아니라 도에 대한 정의까지 함께 내리고 있다.

그 중 주저하며 망설이는 지식인의 모습에 대한 묘사는 정말 깊이 음미해 볼 만하다. 《설문說文》의 해석에 의하면, 주저함을 나타내는 '유예猶豫'의 두 글자는 본래 모두 동물의 이름이었다고 한다. '유猶'란 '큰 원숭이의 종류'이며, '예豫'란 '코끼리의 종류'이다. 이 두 가지 동물은 행동에 의심이 많아 의심이 많은 사람의 모습과 비슷하다고 하며, 따라서 '유예'로 주저함을 나타냈다고 한다.

당시 지식인 중 많은 이들이 사회적 지위가 없고 나라가 주는 봉급을 받아 살 수 있기를 희망했기 때문에 '하늘 한 번 바라보고 호탕한 웃음을 휘날리며 문을 나서는' 오만함보다는 매사에 극히 조심하는 자기보호에 능했으며, 심지어 다른 사람에 빌붙어 살아가는 경우도 많았다. 실제 상황을 살펴보면 이런 선택은 불가피했으리라 보인다.

얼마 후 전국戰國시대가 되면서 천하가 어지러워지고 '절대적인 우호를 지키지 않는' 조류가 유행하자, '공부만 잘 하면 자리를 얻을 수 있는' 선비들은 자연히 '정해진 주인이 없는 몸'이 되었다. 그들은 재능을 갖추고 종횡무진 활약을 하며 머리에 가득한 학문 하나만으로 귀족들과 대등하게 사귀었으며, 그들이 한 번 노하면 제후들이 두려워하고 평온하게 거하면 천하가 조용해졌다. 또한 초楚나라에 가면 초나라가 강국이 되고 제齊나라를 떠나면 제나라가 패망하는 외교흐름의 선봉에 서 있으며 당시 사회정세 변화에 있어서 필수불가결한 주인공으로 군림했다. 이때 망설이며 신중을 기하는 행동은 '내게 맞으면 남고, 내게 맞지 않으면 떠나는' 경박함과 이기심에서 나오기 쉬웠다. 그들은 사람을 공경하고 순박했는가? 아니면 작은 일에도 신중했는가? 실제 그들이 어떤 삶을 살았는지는 오직 하늘만이 알 일이다.

古之善爲士者, 微妙玄通, 深不可識. 夫唯不可識, 故强爲之容:
豫兮若冬涉川,
猶兮若畏四隣,
儼兮其若客,
渙兮其若釋,
敦兮其若朴,
曠兮其若谷,
渾兮其若濁.
孰能濁以靜之徐淸; 孰能安以動之徐生.
保此道者不欲盈. 夫唯不盈, 故能蔽而新成. (15章)

【 주석 】

• 善爲士者　왕필본에서는 '사士', 백서 을본에서는 '도道'로 적고 있지만 곽점간본郭店簡本 갑조甲組와 비교해보면 '사士'를 사용하고 있다. 이를 볼 때 '士'가 고전의 의미에 더 가까운 것으로 보인다.

• 玄通　깊고 정미하여 통달하다. 곽점간본 및 백수 을본에서는 '현달玄達'이라고 적고 있다.

• 豫兮　주저하며 신중한 모습

• 猶兮　경각심을 가지고 경계하는 모습. 간본 및 백서 을본에서는 '유猷'를 사용하고 있다.

• 儼兮　정중하고 엄숙한 모습

• 容　왕필본에서는 '용容'을 사용하고 있으나, 하상본, 경용본, 박혁본에서는 모두 '객客'을 사용하고 있다. 간본과 백서본 역시 '객客'을 사용하고 있어 글자가 비슷해 혼동한 것이라 추측된다.

• 渙兮　흐트러지는 모습. 왕필본에서는 '渙兮若氷之將釋'이라고 적고 있

으며, 백서본에서는 '渙呵其若凌釋'이라고 적고 있다. '凌凌'과 '빙氷'은 같은 뜻이다. 간본에서는 이 구절을 '渙兮其若釋'이라 적어 '빙氷'자를 없앴으므로, 오늘의 판본은 간본에 근거해서 수정했다.

· 盈 　가득 차다. 곽점 간본에서는 '불욕상정不欲尙呈'이라고 적고 있다.
· 蔽 　낡다. '蔽而新成'은 왕필본에서는 '蔽不新成'으로 적고 있다. '이而'와 '불不' 두 글자의 전서篆書체가 비슷하기 때문에 잘못 기재된 것이다.

〖 해 석 〗

고대에 진정 도를 알고 행하는 사람은 정미한 오묘한 도를 통달했으며 깊이가 드러나지 않았다. 깊이를 알 수 없기에, 그저 간신히 형용만 할 따름이었다.

그의 망설이며 신중을 기하는 모습이여, 겨울에 강을 건너는 것 같구나.

주의하며 경계하는 모습이여, 사방에서 몰려오는 공격을 경계하는 것 같구나.

정중하며 엄숙한 모습이여, 귀빈의 모습 같구나.

대범하고 자연스러움이여, 막 녹고 있는 얼음 같구나.

돈독하고 순박함이여, 아직 조각하지 않은 나무토막 같구나.

활달하며 넓은 도량이여, 구름을 품고 물을 받아들인 광활한 계곡 같구나.

모든 것이 뒤섞인 모습이여, 세상 모든 하천이 모여든 흐린 물과 같구나.

누가 물처럼 모든 하천을 뒤섞어 움직이게 하고, 다시 정화시켜 천천히 맑은 물로 만들 수 있을까? 또 누가 만물을 안정시키고 평정하게 하며 계속 움직이게 하며 서서히 번성하게 할 수 있을까? 이 도를 보존할 수 있는 사람은 자만하려 하지 않는다. 자만하지 않는 사람만이 옛것을 버리고 새로워질 수 있다. (15장)

❰ 미와 추의 차이는 무엇인가 ❱

세상 사람들은 똑똑하지만 나는 멍하다.

俗人昭昭, 我獨昏昏

"나는 이렇게 그 자리에 서 있다." 한 사람이 이렇게 특별하게 강조하는 이유는 분명 그가 이 세상과 어울리지 못하고 또, 세상과 어울리고 싶지도 않기 때문이다. 그가 있는 곳은 다른 이들의 활동무대와는 다른 곳이요, 사람들이 있는 곳은 그가 거절한 곳이다. 그래서 다른 사람들과는 가는 길도 다르고 생각하는 것도 다를 뿐 아니라 밥도 한 솥에서 먹지 않고 잠도 같은 자리에서 자지 않는 것이다.

　이것만 봐도, 노자는 보통사람들이 가는 길을 원치 않았던 사람임을 알 수 있다. 그는 자신만의 포부가 있는 사람이었고, 그의 사상은 모든 것을 포용하며 현실의 시공을 초월할 만큼 심원한 깊이를 가지고 있었다. 그래서 몸은 즐거워 어쩔 줄 모르는 사람들과 함께 있을지라도, 마음은 항상 철저한 고독을 맛보았던 것이다. 진정 "사방이 전부 물인데도 마실 물은 한 방울도 없다." 라는 말이 그의 상황에 꼭 들어맞는 말이었다. 그는 아주 결연한 태도로 말한다. "허락과 질책의 차이는 얼마나 되나? 미美와 추醜의 차이는 또 얼마인가? 사람들이 두려워하는 것은 당신도 두려워할 수밖에 없다." 어쩌면 그도 내심으로는 한번 쯤, '아, 이 진절머리 나는 세상, 도대체 언제쯤 끝나려나?'라고 뇌까려보았을 것이다.

하지만 설령 그렇다 할지라도 그는 아직도 그곳에 서 있다. 사람들은 연회에 참석하듯, 혹은 따뜻한 봄날 산에 오르고 경치를 조망하듯, 모두 즐거워 어쩔 줄 모르고 있다. 하지만 그만은 아직 옹알이도 모르는 갓난아기처럼 사람들에게 맞춰주지도 않고, 환경의 변화에도 화답하지 않은 채, 혼자 고즈넉이 한 곳에 서 있을 뿐이다. 어떤 곳에도 끼지 않고 자신을 드러내려는 뜻도 전혀 없다. 아니면 사람들과 어울리지도 않고 돌아가야 할 거처를 잃은 것 같은 모습이다. 사람들의 넘쳐나는 재물과 지식과 비교하자면 그는 궁핍하고 부족한 것이 한두 가지가 아니다. 사람들은 모두 자기가 잘났다고 자랑하지만 오직 그만은 자기자랑을 거두고, 묵묵히 입을 다물고 있다. 사람들은 아는 것도 많고 사리에 밝지만 그만은 뭘 가지고 뭘 버려야 할지도 모르는 어리석은 자처럼 아무 결정도 내리지 않고 있다. 그 고요함이란 바다처럼 깊고 높은 하늘에 이는 바람처럼 끝없이 돌고 돈다. 그는 자신이 어디로 가야 할지 모르고, 다른 이들이 한 가지 재주를 펼치고 있는 동안에도 어리석은 모습만 고수하고 있다. 그러나 정작 사람들이 그를 바보 멍청이 취급을 하려고 하면, 그는 불쑥 이의를 제기한다. 매우 완고한 말투로 사람들에게 이렇게 말한다. "나는 이 세상 사람들과 근본적으로 다릅니다. 도를 중시하는 특별한 인생을 살기 때문입니다."

어떤 이는 이렇게 말할지도 모른다. "아름다운 자연도 감상할 줄 모르고 환경의 변화에도 반응할 줄 모르고, 사람들과 어울리려는 생각도 없이 이 세상에서 혼자 살아가려고 하다니, 이래 가지고 어떻게 도를 얻을 수 있단 말이야? 도도 사람을 멀리 하지 않는데, 사람이 일부러 세상을 멀리 할 필요는 없는 것 같은데……" 오늘날 이렇게 말할 사람은 분명 적지 않을 것이다. 그들은 심지어 이렇게 철저히 고요하다 못해 변화라곤 찾아볼 수 없는 노자의 모습을 매우 못마땅하게 여길 수도 있다. 그들은 이렇게 변화가 없는 것이 특징이라면 큰 도는 가까이 하기 힘든 것이라고 단정지을 것이다.

하지만 그 생각은 잘못된 것이다. 이런 인생의 진리를 발견하지 못했단 말인가? 진정 어리석은 사람은 보통 '갈 곳을 잃은 듯한' 삶을 살지 않는다. 오히려 냉철하고 차가운 이성을 가진 사람들이 갈 곳을 잃은 듯한 상실감에 빠진다. 원인은 어디에 있을까? 진정 어리석은 사람들의 관심사는 오직 땅일 뿐, 하늘에 대해서는 그 어떤 질문도 던지지 않는다. 그저 소유에만 집착할 뿐 인생은 손톱만큼도 생각하지 않는다. 그들은 온종일 눈코 뜰 새

없이 바쁘기 때문에 고요한 곳에서 깊은 묵상에 잠긴 사람들을 보면 '시간낭비'라고 혀를 찬다.

하지만 진정 지혜로운 사람은 그렇지 않다. 아무리 일이 바쁘더라도 그 마음속에는 항상 영혼의 빛을 잃지 않는다. 심오한 진리를 찾길 기대하며, 영혼의 세례를 거행할 특별한 공간을 찾는다. 그래서 술잔이 돌아가고 음악이 울려 퍼지며 수많은 영혼이 세속에 잠긴 육신을 한탄하며 떠나갈 때면, 그들은 항상 가장 진실한 자아를 등장시킨다. 담담한 슬픔과 옅은 비탄은 희뿌연 연기같이 마음속에 아련히 퍼져나가며, 세찬 물결 같이 왔다가 떠나갈 때는 마음에 배어 쉽게 떠나가질 않는다. 손만 뻗치면 영혼과 육체가 만날 듯한 가슴 졸이는 그 순간, 고개를 돌리면 사물과 인간 모두 바스라질 것만 같은 그 순간이 눈앞에 펼쳐진다.

그러나 어리석은 사람은 이런 모습을 조롱한다. "그렇게 혼자만 고매한 인격자인척 사는 게 힘들지도 않나?" 그러나 노자는 이런 말에 아무런 대꾸도 하지 않는다. 그저 더욱 이해 불가능한 멍한 표정을 지으며, 오직 눈동자에만 인자한 인내를 가득 담고 한없는 슬픔과 연민을 비칠 뿐이다. 사람들에게 과연 무슨 이야기를 한단 말인가? 어쩌면 이런 상황을 이해하지 못할 사람은 어리석은 사람뿐만이 아닐 것이다. 하지만 이런 고요한 묵상과 사색을 거치고 나서야 사람들은 영혼의 위기를 바로잡고 또다시 영혼이 무너져버릴 듯한 수차례의 고비를 거쳐 자기 생명의 평정을 회복하게 되는 것이다.

심오한 정신세계에 빠져있는 사람은 겉으로 볼 때는 대부분 '어리석다'고 보이게 마련이다. 그러나 사실 이때 그의 영혼은 '고요함'에 거하고 있다. 그의 마음은 '담담함'이란 말로 형용할 수 있다. 오늘날의 사회는 어떠한가? 우리 주위 사람들의 삶은 또 어떠한가? 얼마나 많은 이가 이런 '고요함'과 '담담함'을 가지고 있을까?

"우린 바빠요, 상황이 급해요. 그렇게 많이 생각하다가는 제 시간에 일을 못 끝낼 거라고요."

만일 이렇게 빠듯하게 살아 시간을 절약해서 도를 사색하는 데 사용한다면 그건 그럴 수 있다고 치자. 하지만 남는 시간의 대부분은 여전히 바삐 일하고 제 시간에 일을 끝내는 데에만 사용된다. 혹은 명예를 위해, 혹은 이익을 위해, 결론적으로 각자의 성공을 위해, 이 모든 일은 한 번에 다 끝내버릴 수 없다.

노자가 만일 오늘날까지 살며 이런 모습을 보았다면, 사람들의 무리 속에서 그는 더욱 말을 아낄 것이 분명하다. 그는 무엇인가를 상실한 듯 어찌할 바를 모를 것이다. 하지만 그는 분명 여전히 그 자리에 있을 것이다.

唯之與阿, 相去几何? 美之與惡, 相去若何? 人之所畏, 不可不畏.

荒兮, 其未央哉!

衆人熙熙, 如享大牢, 如春登台.

我獨泊兮, 其未兆, 如嬰兒之未孩; 儽儽兮, 若無所歸.

衆人皆有余, 而我獨若遺. 我愚人之心也哉! 沌沌兮!

俗人昭昭, 我獨昏昏.

俗人察察, 我獨悶悶.

澹兮其若海, 飂兮若無止.

衆人皆有以, 而我獨頑且鄙.

我獨異於人, 而貴食母. (20章)

【주석】

- 唯　상대를 공경하는 목소리로 하는 대답
- 阿　느리고 태만한 목소리로 하는 대답. 두 소리의 고저 차이로 등급의 차이를 나타낸다.
- 美之與惡　'미美'는 왕필본에서는 '선善'을 사용하고 있지만, 박혁본에서는 '美'를 사용하고 있다. 간본 및 백서 갑본도 마찬가지다. 이에 고증에 의해 정정했다.
- 人之所畏, 不可不畏　백서본에서는 '人之所畏, 亦不可以不畏人'이라고 적고 있다.
- 荒兮　광활한 모양
- 未央　끝이 없음. 여기서는 인간의 정신세계의 깊고 넓으며 끝없음을 나타냈다. 央은 盡으로 풀이된다.

- **大牢**　고대 황제나 제후들이 소, 양, 돼지 세 가지 동물로 지낸 제사를
  일컫는 말
- **泊**　담담함, 고요함
- **兆**　징조
- **孩**　'咳'와 같다. 《설문說文》에서는 '咳는 어린아이가 옹알거리는(웃는) 것
  이다.'라고 말하고 있다. 박혁본, 범응원본에서는 '孩'를 '咳'로 표기하
  고 있다.
- **儽儽**　한자 의성어로서 사람들과 어울리지 못하는 모습, 기댈 곳이 없
  는 모습을 나타낸다.
- **有余**　하상공은 '사람들은 많은 재물로 사치하며 많은 지혜로 속임수를
  일삼는다'라고 해석한다.
- **遺**　부족하다
- **愚人**　순박하고 순진한 사람
- **昭昭**　잘 알고 있는 모양
- **昏昏**　어리석은 모양
- **察察**　분별을 잘 하는 모양
- **悶悶**　역시 어리석은 모양을 말한다.
- **澹**　욕심이 없고 마음이 깨끗함. 고요함.
- **飂**　높은 곳에서 이는 바람, 어느 곳에도 구속되지 않음을 묘사한다.
- **以**　사용하다. 여기서는 업적이 있음을 말한다.
- **頑**　완고함
- **鄙**　어리석고 우둔함
- **食母**　하상공은 '食이란 사용함이다. 母란 도다.'라고 주석을 달고 있다.
  도로 돌아가 근본을 숭상함을 비유한 것이다.

허락과 질책의 차이는 얼마나 되나? 미와 추의 차이는 또 얼마인가? 사람들이 두려워하는 것은 나도 두려워할 수밖에 없다.

정신세계의 깊고 광활함이여, 끝이 없는 듯하구나!

사람들은 화려한 연회에 참석하듯, 봄날 산에 올라 경치를 구경하듯 즐거워한다.

그러나 나만 혼자 무심히 고요에 거하는구나. 아무런 움직임도 없이, 마치 아직 옹알거리는 것도 모르는 갓난아기 같구나.

내 어울리지 못하는 모양, 마치 돌아갈 곳이 없는 듯.

사람들은 재물과 지식이 넘치지만 나만은 부족한 듯하다. 내 마음은 우둔한 자와 같다. 어리석도다!

세상 사람들은 똑똑하지만 나는 멍하다.

세상 사람들은 하나하나 살피고 따지는데 나만 홀로 어둡도다.

고요함이여, 깊고 깊은 바다 같구나.

하늘 높이 몰아치는 바람이여, 마치 그침이 없는 듯하다.

사람들은 모두 쓸모가 있는데 오직 나만 어리석고 고루하구나.

나만 홀로 사람들과 달라 도를 키우는 수양을 귀하게 여길 뿐이다. (20장)

갓난아기로 돌아가라

온종일 울지만 목이 쉬지 않는다. 순박하고 온화하기 때문이다.

終日號而不嗄, 和之至也

《상서尚書》 강고康誥에서 "핏덩이를 보호하듯 백성을 사랑해야 한다 若保赤子, 唯民其康義"라고 했듯이, 중국 사람들은 갓난아기를 '핏덩이赤子'라고 한다. 이렇게 부르는 이유는 갓난아기가 막 태어났을 때 눈썹도 나지 않고 온 몸이 붉은 색을 띄기 때문이다. 그 외에도, 갓난아기가 막 태어났을 때 몸길이가 한 자밖에 안 되는데 '자 척尺' 자와 '붉을 적赤'자가 통하기 때문에 핏덩이라고 한다는 설이 있다.

중국인들은 전통적으로 갓난아기나 핏덩이란 말에 대해서 아주 좋은 평가를 내리고 있다. 예를 들어 맹자는 '핏덩이의 마음赤子之心'을 칭송한 적이 있다. 노자 역시 예외가 아니어서, 《도덕경》 오천 자 중에서 핏덩이란 말을 세 번이나 언급하며, 일반인들은 가까이 가기 어려운 높은 경지를 표현하는 데 사용했다. 이 문제를 간략히 언급하는 그의 말투를 살펴보면, "정기를 모아 부드러움에 이르는 데에 있어서, 갓난아기와 같은 순수하고도 욕심 없는 경지에 도달할 수 있을까? 專氣致柔, 能如嬰兒乎(10장)"라고, 항상 의문에 가득 차 있다. 그럼 갓난아기를 살펴보자. 벌과 전갈, 독사도 물 수 없으며 흉조와 맹수도 넘어뜨릴 수 없다. 뼈와 근육은 약하고 부드러우나 손아귀 힘이 강력해 무엇이든 꽉 붙들 수 있다. 인간사는 아직 잘 모르지만 작은 고추를 곧추세울 수 있고, 온종일 울지만 목이 쉬지도 않는다. 어떻게 그럴 수 있을까? 사실 이번에도 노자에게는 정답이 따로 준비되어 있다. 바로 갓난아기는 원기가 순박하고 온화하기 때문이다! 당신도 원기와 정기를 모아 갓 태어났을 때의 유연한 상태를 유지할 수 있는가? 노자는 매번 이 비유로써 경쟁사회에 몰입한 사람들에게 현실상황을 비유하고 또 질문을 던진다. 갓난아기는 비록 약하고 작지만 부드러움이 극치에 다다랐기에 생명도 왕성하고 희망찬 미래를 가진 것이라고!

　물론, 갓난아기에게서 본받을 수 있는 점은 이뿐만이 아니다. 갓난아기는 세상에 관심이 없고 욕심이 없으며 마음에는 악한 생각이 없다. 그러므로 여기서 말하는 부드러움이란 뼈와 근육이 부드러운 '형태상의 부드러움' 뿐만이 아니라 '정신의 부드러움'을 말하는 것이다. 즉, 온화하며 악을 모르고, 고요하며 욕심이 없는 마음이 모여서 아주 특별한, 부드러움 속의 강함을 만들어 내는 것이다. 노자는 깊고 큰 덕을 가진 사람만이 이런 상태에 도달할 수 있다고 말한다. 그래서 '갓난아기로 돌아가야 한다'라는 그의 주장은, 사람은 인성이 아직 망가지기 전인 온화함과 순박함의 세계로 돌아가야 한다는 말을 뜻한다.

성인聖人이라면 당연히 이러해야 한다. 지도자의 위치에 올라 있을 때에는 자기주장을 너무 고집하지 말고, 자기 일신의 이익을 추구하는데 너무 몰두하지 말아야 한다. 그래야 마음은 온화함과 순박함으로 돌아갈 수 있고 백성들도 자신의 귀와 눈을 정상적으로 사용해 시비를 판단하며 편안하고 조화롭게 살아나갈 수 있으니까. 바로 그때야말로, 주관하려 하지 않고, 소유하려 하지 않고, 공을 세우려 하지 않는 성인에게 있어 가장 행복한 때가 아닐까? 이런 의미에서 노자는 전원적인 내음이 물씬 풍기는 시적 언어로 자신의 본래 생각을 표현하고 있다. "성인은 백성들을 갓난아기와 같이 대하느니, 聖人皆孩之"이 얼마나 실제적인 만족인가?

노자를 단순히 정형화시켜 간단히만 이해하려고 하면, 과거 역사를 잘 알고 세파에 닳고 닳은 늙은이라든가, 역사와 인간사를 통달하고 온갖 풍상을 다 겪은 현인, 양조기간이 오래 돼 깊은 맛이 나는 술처럼 연륜이 있고 아는 것이 많은 사람이라는 고정적 이미지로 여기게 된다. 그러나 노자는 자신이 아주 단순한 사람이라고 말한다. 보통 사람들보다 더 단순한 사람이라고 말이다. 앞에서도 그 자신이 이미 말했듯이, 모든 사람들은 화려한 연회에 참석하듯, 봄날에 산에 올라 경치를 구경하듯 즐거워 어쩔 줄 모르건만, 항상 도와 함께 대화하는 그는 보통 혼자 고요하고 담담하게 그 자리에 서 있을 뿐이다. 마치 아직 웃는 것도 모르는 갓난아기같이 말이다. 알고 보니 그는 갓 태어난 핏덩이에 불과했다.

어쩌면 나이가 많이 들수록 갓난아기에 가깝거나 조금씩 갓난아기로 돌아갈 수 있는지도 모르겠다. 그렇기에 한나라 유향劉向은 《설원》에서 그와 비슷한 공자의 에피소드를 언급하고 있다. 열국을 돌아다니며 제나라의 성곽 문밖에 다다른 공자는 우연히 갓난아기의 초롱초롱한 눈동자를 마주하고는 마치 마음이 바르고 행동이 단정한 군자를 만난 듯 뛸 듯이 기뻐하며, 자신의 마부에게도 얼른 다가와 한 번 보라고 권했다. 그는 갓난아기를 보며 이렇게 외쳤다고 한다. "소악韶樂이 울려 퍼지는구나!" 소악이란 선함과 아름다움이 모두 겸비된 음악을 말한다. 이 상황에서 공자의 시의는 노자에 전혀 뒤지지 않는다.

에머슨은 《인생의 행위》에서 이렇게 말했다. "우리는 아이들의 아름다움과 행복으로 인해 가장 큰 기쁨을 느낀다. 이 기쁨은 우리 영혼이 몸보다 더욱 커져 터질 것 같이 만든다." 왜 그렇게 기쁜 걸까? 단지 우리 생명이 연장되는 현장을 목격했기 때문에? 아마 그 이유 때문만은 아닐 게다.

常德不離, 復歸於嬰兒. (28章)

含德之厚, 比於赤子: 蜂蠆虺蛇不螫, 攫鳥猛獸不搏. 骨弱筋
柔而握固. 未知牝牡之合而朘作, 精之至也; 終日號而不嗄,
和之至也. (55章)

- 蠆　전갈류
- 虺　독사
- 螫　독충이 꼬리로 사람을 찌르는 것.
- 攫鳥　날카로운 발톱으로 먹이를 잡아채는 새. 예를 들어 매나 수리 종
　　류. 이 구절은 왕필본에서는 '猛獸不据, 攫鳥不搏'으로 적고 있으며,
　　간본과 백서본에 근거해 수정해 앞 구절과 호응이 되도록 했다.
- 朘　왕필본에서는 '전全'으로 적고 있다. 갓난아기의 생식기를 가리킨다.
- 作　곧추 세우다.
- 嗄　목이 쉬다. 하상본에서는 '아啞'라고 적고 있다.

영원한 덕은 우리를 떠나지 않으며, 갓난아기의 상태를 회복시켜 준다. (28장)
깊고 큰 덕을 가진 사람은 갓 태어난 갓난아기에 비할 수 있다. 벌과 전갈,
독사도 그를 물 수 없으며 흉조와 맹수도 그를 넘어뜨릴 수 없다. 그는 뼈가
약하고 근육은 부드러우나 손아귀 힘이 강해 꽉 붙들 수 있다. 그는 아직
인간사를 잘 모르지만 작은 고추를 곧추세울 수 있다. 정기가 충족하기 때
문이다. 그는 온종일 울지만 목이 쉬지도 않는다. 원기가 순박하고 온화하
기 때문이다. (55장)

큰 채워짐은 텅 빈 것과 같다

가장 숭고한 덕은 광활한 골짜기와 같다.

上德若谷

여기서 말하는 골짜기란 산골짜기를 가리킨다. 산골짜기는 텅 비고 움푹 파였으며 광막하여 모든 것을 용납할 수 있다. 그래서 노자는 도의 실체를 설명하기 위해 이 비유를 사용한 것이다. 노자는 "도는 텅 비고 형태가 없는 무형의 용기 같지만 만물을 담을 수 있으며 그 작용은 끝이 없다. 그 깊음은 세상 만물의 종주와 같다. 道沖而用之或不盈. 淵兮, 似萬物之宗(4장)"라고 말한 바 있다. 이 용기는 지극히 많은 것을 담아낼 수 있기 때문에 산골짜기 혹은 계곡으로 비유한 것이다. 그러므로 그는 고대에 도를 행하는 사람의 내면은 텅 비고 공허하다고 지적하면서 "그 광활함이여, 마치 골짜기와 같구나. 曠兮其若谷(15장)"라고 묘사한다.

골짜기의 텅 빈 광활함은 자신을 드러내지 않는 태도, 일종의 겸손을 나타내는 것이다. 도는 눈을 찌를 듯 찬란한 세계를 알고 있지만 깊고 깊은 어두움에 거하는데 만족한다. 그렇게 비와 구름을 키워내고 만물을 받아들이면, "부어도 채워지지 않고 퍼내도 다하지 않으며 注焉而不滿, 酌焉而不竭《장자》 제물론齊物論", "더해도 채워지지 않고 덜어도 없어지지 않게 된다. 益之而不加益, 損之而不加損《장자》 지북유知北游" 그 외에도, 옛사람은 "구릉은 목이요, 계곡은 빈이라 했다. 丘陵爲牡, 溪谷爲牝《대대예기大戴禮記》 역본명易本命"고 했는데, 목牡의 옛 뜻은 '동물들의 암컷', 즉 모든 금수 중의 모성을 나타냈다. 이는 신묘막측하여 만물을 탄생시키는 모성의 기능을 한다. 이런 골짜기의 특징을 지킬 수 있다면, 한 걸음 더 나아가 "천하의 광활한 골짜기가 되며", 그 영원한 덕은 저절로 충만해지고 자연은 큰 도의 진정 순박한 상태로 돌아갈 수 있게 된다. 그래서 노자는 "가장 숭고한 덕성은 광활한 골짜기와 같다"고 한 것이다.

혹자는 "텅 빈 공허함이 아무리 좋다 하지만 꽉 찬 것이 더 좋지 않나요? 노자도 골짜기가 차지 않으면 텅 비게 될 거라고 하지 않았나요? 노자도 꽉 차기를 바라는 게 아닌가요?"라고 반문할 것이다. 사실, 노자가 꽉 차기를 바라는 것은 명리나 재화 등 구체적인 실체가 아니라 바로 '도'이다. 그러므로 "골짜기는 도를 얻은 후 꽉 채워진다. 谷得一以盈(39장)"고 말한 것이다. 원문에서 말하는 '일一'이란 도를 나타내는 숫자로 사용되었으며, '일'을 얻으면 도를 얻는 것과 마찬가지라고 볼 수 있다. 도로 인해 꽉 채워지는 것은 우리가 일상적으로 말하는 꽉 채워짐과는 본질적으로 다른 의미임을 알 수 있다. 또한 그 표현형태 역시 달라서 눈으로 보면 없는 것 같지만 실제로는 존재하는, "큰 채워짐은 텅 빈 것과 같다. 大盈若沖(45장)"는 특징을 나타낸다. "큰 채워짐은 텅 빈 것과 같다."는 말은 노자의 마음에 가장 잘 들어맞는 도의 특성이다.

재미있는 것은 공자 역시 같은 주제로 이야기를 꺼낸 적이 있다는 것이다.

공자가 한번은 주周나라의 종묘에 갔다가 기울어진 제기祭器 하나를 발견하고는 종묘지기에게 이렇게 물어보았다. "듣자하니 이 제기가 꽤 특별하다면서요? 그릇이 꽉 차면 엎어지고 비면 기울어지고, 반 정도 차 있을 때만 똑바로 서 있을 수 있다고 들었는데, 그게 맞습니까?" 종묘지기는 고개를 끄덕이며 그렇다고 대답했다. 공자가 자로子路에게 그 제기를 한 번 시험해보도록 했더니 과연 그 말 그대로였다. 공자는 크게 놀라며 이렇게 외쳤다. "세상에 어느 그릇이 가득 찼는데도 안 엎어지겠나!"

자로는 공자가 큰 깨달음을 얻은 듯 보이자 이렇게 물었다. "그러면 어떻게 해야 가득함을 유지할 수 있겠습니까?" 공자가 대답했다. "가득 채운 후에 다시 덜어내는 방법밖에는 없다." 자로가 또 물었다. "덜어내려고 한다면, 어떤 방법이 있겠습니까?" 공자는 아주 여유로운 태도로 잘 정돈되고도 깊이 있는 대답을 내 놓았다. "높은 곳에 있으면서도 낮은 곳에 처할 줄 알고, 모든 것을 가지고 있지만 비울 수 있으며, 부유하지만 검소할 수 있고, 귀하지만 비천할 수 있으며, 지혜롭지만 어리석음을 인정할 수 있고, 용감하지만 두려워할 줄 알며, 조리 있게 말을 할 줄 알면서도 소박하여 말을 꾸미지 않고, 많은 것을 알고 있으면서도 간단하게 풀어낼 수 있으며, 밝히 알면서도 우매한 자로 처신하는 것이 덜어내어 극한에 다다르지 않는다는 뜻이다. 이 도리를 능히 행하는 자는 오직 지극한 덕을 가진 자 뿐이다."《설원》경신편敬愼篇의 이 말은 구체적인 언어사용에서부터 내포한 사상까지 모두 노자의 말과 완전히 일치한다.

골짜기는 텅 비어 있으며 낮은 곳에 처해 경쟁하지 않고 모든 것을 포용함을 상징하기에 도를 담을 수 있는 용기요 가장 큰 도 자체로 여겨진다. 우리가 큰 명예와 재물을 얻게 되었을 때, 뜻을 이루어 득의양양하게 되었을 때, 머리를 들고 사방을 바라보게 되었을 때, 혹은 마음에 선입관과 편견이 가득하고 또 자기주관에 사로잡혀 자신은 경험과 지식이 풍부하고 집안 배경은 유복해 완벽한 인생을 살고 있다고 생각될 때, 노자의 가르침에 귀 기울여 보자. 그러고 나서 "자만은 손실을 불러오고, 겸손은 이익을 가져다 준다"는 옛 가르침을 생각하면, 보약 한 첩을 복용하고 목욕재개를 한 듯 몸이 가뿐할 것이다!

知其白, 守其辱, 爲天下谷. 爲天下谷, 常德乃足, 復歸於朴.
(28章)
上德若谷. (41章)

【 주 석 】

- 白 밝음
- 辱 여기에선 黑과 같은 뜻으로 '어두움'이라는 뜻

【 해 석 】

밝음이 무엇인지 알지만 어두움에 거하며, 천하의 광활한 골짜기가 된다.
천하의 광활한 골짜기가 되어야 영원한 덕이 충만해지고 진정한 순박함으
로 돌아가게 된다. (28장)
가장 숭고한 덕성은 광활한 골짜기와 같다. (41장)

❈ 너 자신을 알라 ❈

아는 것도 모르는 듯 겸손한 것이 가장 좋다.

知不知, 尙矣

이것은 인류역사상 피할 수 없는 난제였다. 서양 사람들은 이 말을 신전에 적어놓았고 중국인들은 이 말을 입가에 달고 살았다. 이와 관련된 노자의 가르침은 어떠한가?

"타인을 분별하는 사람을 지혜롭다고 하나 오직 자신을 아는 사람만이 명철하다."

'타인을 분별함'은 단지 '능력이 있다' 혹은 '타인을 이길 힘이 있다'는 것을 의미할 뿐이다. '자신을 아는 것'만이 자신을 이기는 강자가 되는 길이다. 그러므로 노자는 곧바로 다음과 같은 말을 덧붙인다. "타인을 이기는 사람을 능력 있다 하나 오직 자신을 이기는 사람만이 강한 사람이다." '타인을 분별하는 능력'을 보면 지혜로운 사람인지 아닌지 판가름할 수 있다. 그러나 이런 지혜는 금세 타인을 음해하는 교활함으로 변질되지 않는가? 오직 자신을 온전히 알 때만 맑고 투명한 정신을 갖게 되고, 이런 통달한 명철이 있어야 타인의 기만도 당하지 않고, 자기를 기만해 타인까지 기만하는 결과를 초래하지 않게 된다.

그렇다면 '자신을 아는 것'이란 무엇인가? 한 가지 주의할 점은 자신의 재능을 대단한 것으로 여기고 집안의 보물 헤아리듯 자기 장점을 과대평가하는 것은 결코 '자신을 아는 것'이 아니라는 것이다. 자신을 아는 것은 사실 그 반대이다. 대부분의 경우는 자기 단점에 대한 인식을 가리킨다. 또한 이 단점은 육체의 능력과 인간의 힘을 벗어나 해낼 수 없는 지극히 인간적인 한계가 아니라 사람의 마음 깊은 곳에 감춰진 고질병과 부족함을 말하는 것이다. 이를 알 때 내가 어떤 점에서 부족한지 알게 되고, 타인을 겸허한 자세로 배우게 된다. 내게 어울리지 않는 칭찬을 분별하고 타인에게 양보할 수 있게 된다. 이런 점에서 볼 때, 이 지혜는 말하기는 쉽지만 정말 행동으로 실행하기란 꽤 어려운 지혜이다.

관련된 문제가 하나 더 있다. 사람에게 있어 '자신을 아는 지혜'는 언제 필요할까? 일상생활에서? 아니다. 바로 뜻밖의 명예가 불시에 찾아왔을 때, 사람들의 인정과 칭찬이 물밀듯이 몰려왔을 때이다. 이런 때야말로 마음이 이익에 얽매이기 쉽기 때문이다. 막대한 이익을 눈앞에 두고도 유혹의 손길을 뿌리칠 수 있을까? 결코 쉬운 일이 아니다. 그만큼 어렵기에 과연 자기 자신을 알고 있는지 평소보다 더 철저한 테스트를 받는 기회가 된다.

이런 때에도 '자신을 존중하지만 존귀한 대접을 받으려 하지 않도록' 자신을 타이르고, 또 '자신을 알지만 과시하려들지 않는' 경지를 실천하는 사람 즉, 잘난 척 득의양양하지 않는 사람은 진정 위대한 지혜의 소유자임이 드러나게 된다. 이런 점에서 볼 때, 자기 자신을 아는 것이란 때론 언급만 하기에도 매우 벅찬 일임을 알 수 있다.

그래서 노자는 '아는 것도 모르는 것처럼'을 특히 강조한다. 알면서도 다 알고 있다고 여기지 않는 것, 이것은 겸손의 중요성, 자기 재능의 한계를 인정하는 자기인식을 말하는 것이다. 어떤 이는 이 말을 '자신의 무지한 부분을 알고 있어야 한다'는 말로 이해한다. 그렇다면 이는 자신의 치명적인 부분에 대한 인식이 있는지를 가리키는 말이 된다. 즉, 위에서 말한 자기 단점에 대한 인식 말이다. 노자는 이를 행동에 옮기는 것이야말로 진정 훌륭한 것이요, 그 반대로 모르는 것도 안다고 우기는 것은 커다란 결점이라고 생각했다.

그러나 바다가 육지가 되고 육지가 다시 뽕나무 밭이 되는 기나긴 인류역사 속에서, '아는 것도 모르는 듯 겸손한 사람'을 찾기란 결코 쉬운 일이 아니다. '모르는 것도 안다'고 하는 사람들만 도처에 가득하니까. 타인은 잘 분별하면서 자신은 제대로 모르는 사람만 부지기수다. 타인을 잘 분별하는 사람은 인생살이에 훤하고, 세상물정에 밝다고 인정을 받는다. 사람들은 이런 대단한 재주가 있으니 입신출세는 따놓은 당상이라고 부러워한다.

그래서 인생을 살고 사회생활을 하면서 귀에 못이 박히도록 듣는 이야기가 '사람을 제대로 볼 줄 알아야 한다'는 것이다. 같이 일하기 좋은 사람은 어떤 사람이고 신뢰할 수 없는 사람은 어떤 사람이라는 등이다. 그러나 이런 능력자야말로 실패 앞에서 자기 잘못을 거리낌 없이 타인에게 전가시켜버린다. "내 눈이 삐었지."라는 말 한 마디면 자신의 무능과 잘못을 회피할 수 있고, 요행이라도 따르면 다른 사람들의 동정까지 끌어낸다. 상처라도 받게 되면 앙다문 어금니 사이로 얼음처럼 차가운 독을 내뱉는다. "네가 이럴 줄 내가 진작 알았어!"

진정 자신을 알기에 현재 이 어려움이 자신의 부덕의 소치라고 여기는 사람, 지금 이 수치가 자신의 경박 때문이라고 여기는 사람이 이 세상에 과연 얼마나 될까? 바로 그 때문에, 노자의 저작 중에서 뽑아낸 '사람의 귀함은 자신을 아는 명철에 달려있다'는 말이 인류의 머리 위를 비추는 가장 명철한 거울이 된 것이다.

나폴레옹의 명언 한 마디가 생각난다. "아첨을 잘하는 사람은 분명 비방에도 능하다." 사람을 알고 있기에 할 수 있는 말이다. 그는 찬사에는 정신을 혼미케 하는 환각제가 들어있음을 알아차렸다. 그렇다면 그 자신은 과연 자기를 알고 있었나? 꼭 그렇다고 볼 순 없다. 그럼, 그는 위인이었나? 우리는 너무나 당연하게 "그렇다."고 대답하지만, 노자의 기준에서 바라본다면 이 역시 꼭 그렇진 않을 수도 있다.

知人者智 自知者明.

勝人者有力 自勝者强. (33章)

知不知, 尚矣; 不知知, 病也. (71章)

是以聖人自知不自見, 自愛不自貴. (72章)

• 强   강인하다

• 知不知   알고 있지만 모르는 것으로 여기다. 혹은 '자신의 무지를 알고 있다'라고 해석할 수도 있다.

• 尙矣   하상본, 왕필본에서는 '상上'만 사용하며 '의矣'가 없다. 고대의 '上'과 '尙'은 서로 통했다.

• 不知知   모르면서도 안다고 여기다.

• 見   즉 드러내다, 표현하다

타인을 분별하는 사람을 지혜롭다고 하나, 오직 자신을 아는 사람만이 명철한 사람이다.

타인을 이기는 사람을 능력 있다 하나, 오직 자신을 이기는 사람만이 강한 사람이다. (33장)

아는 것도 모르는 듯 겸손한 것은 가장 좋다. 모르는 것도 안다고 뽐내는 것은 큰 결점이다. (71장)

그러므로 성인聖人은 자신을 알 뿐 아니라 자기를 과시하려 들지도 않는다. 또 자신을 존중하지만 존귀한 대접을 받고자 하지도 않는다. (72장)

선지자는 이해받지 못한다

하류의 지식인은 도를 들으면 큰소리로 비웃는다.

下士聞道, 大笑之

"나의 광명정대한 도여, 어슴푸레하며 희미하구나. 사람들을 인도하는 나의 길이여, 겸허하여 물러서기만 할 뿐 나아가기 어려운 것 같다. 나의 고운 숫돌같이 거리낌 없는 도여, 울퉁불퉁하며 평탄하지 않은 것 같이 보이는구나. 그런데 당신들은 똑똑히 보았는가? 내가 숭상하는 미덕은 광활한 골짜기가 만물을 포용하는 것 같고, 내가 표방하는 순백은 모든 오물과 찌꺼기를 감추고 정화시킬 수 있다. 내 깊고 넓은 덕성이여, 아직도 채울 곳이 많은 것 같구나. 내 덕성의 강건함이여, 첫눈에는 부드럽고 유약하며 게을러 보이는구나. 내 순전한 품격이여, 원칙을 주장하지 않는 듯하구나.

하지만 당신들은 알아야 한다. 지극히 바르며 지극히 분명한 것에는 모서리가 없다는 사실, 지극히 귀하며 지극히 중요한 기물은 가장 나중에 이뤄진다는 사실, 지극히 크며 지극히 조화로운 음악은 오음을 분별할 수 없다는 사실, 지극히 크며 지극히 눈에 잘 띄는 현상은 오히려 흔적을 남기지 않는다는 사실을 말이다. 나의 큰 도는 이렇게 이름을 부르기조차 어렵지만, 이 도가 있어야만 만물은 도와 본연의 마음으로 돌아갈 수 있다!"

이것은 노자가 묘사한 도의 내용이다. 그의 원문에 출연하는 '대기만성大器晩成' '대음희성大音希聲' '대상무형大象無形' 등 어휘는 이미 사람들이 현실의 사건과 예술창조 법칙을 표현하는 데 사용하는 고전적인 어휘가 되었다. 현대의 고전이 될 만큼 가장 권위 있고 중요한 어휘들이 노자의 저작 중에서는 하나같이 도를 설명하는 데 사용하고 있는 것이다. 일반적으로 노자는 말을 많이 하는 걸 좋아하는 사람이 아니었다. 말을 하게 되더라도 대부분은 핵심적인 말만 하지, 잡다한 이야기는 좋아하지 않았다. 하지만 이번에는 이렇게 많은 말을 하고 있다. 여러 가지 비유까지 등장하는 걸 보면 제대로 표현을 하지 못할까 봐 많이 초조해 보이기까지 한다. 사람들이 정말 제대로 알아들었는지 선뜻 확신이 가지 않았던 모양이다.

그러나 불행하게도 사실은 오히려 그와는 정반대였다. 천하의 지식인들이 모두 자신의 재능을 자랑스러워하며 자신의 품격을 지키지만 서로 뜻과 기호가 다르고 포부가 다르기에, 삼교[三敎: 유교, 불교, 도교]와 구류[九流: 유가, 도가, 법가, 음양가, 명가, 묵가, 종횡가, 잡가, 농가의 아홉 학파]로 잡다하게 갈라진 것이다. 그래서 수준이 높은 지식인은 도를 들으면 두 말 하지 않고 이를 체득하기 위해 적극적인 실행에 힘쓴다. 수준이 중간 정도인 지식인은 도를 들으면 대부분 무슨 말인지 알아듣지 못해 반신반의한다. 혹은 마음에 숭고한 경모를 가지게 된다. 수준이 낮은 지식인은 도를 들으면 가장 실망스러운 반응을 보인다. 껄껄 웃으며 큰소리로 비웃는 것이다.

노신魯迅은 노자의 위인에 대해서 "많은 말을 하는 것을 꺼리지만 때에 따라서는 분노에 찬 말을 하기도 한다."라고 평했다. 수준 낮은 지식인의 비웃음에 대해 노자는 격앙된 감정으로 대답한다. "사람들의 비웃음을 받지 않는 도는 도라고 할 수 없다니까!" 사람들에게 조롱을 받지 않는 도가 정말 지극한 이치요, 오묘한 도리일 수 있을까? 하늘처럼 높고 대단한 도가 될 수 있을까? 사실 이 노인장은 분노할 필요가 없다. 고금과 세계를 살펴볼 때, 선지자는 항상 일반인들에게 전혀 이해받지 못했으며, 자신의 고향에서는 언제나 천대를 받아야 했다. 선지자가 있는 힘을 다해 구원의 소식을 전파할 때, 어리석은 대중은 이를 대수롭지 않은 농담 정도로밖에 여기지 않았다. 그래서 노자도 중원을 떠날 수밖에 없었던 것이다.

그는 본래 다른 사람에게 자신의 사상을 전수해 줄 생각도 없었다. 그가 너무 오만해서 세상을 무시했다고 해도 좋고, 성격이 이상하고 사리에 맞지 않는 생각을 했다고 해도 좋다. 그러나 그의 모든 행동에는 그럴 만한 이유가 있었다. 마치 후대의 연구자들이 시적인 감상 가운데 지적한 것 마냥, 노자는 닥쳐올 재난을 예언했으나 사람들은 아직도 화려한 단꿈에서 깨어나지 않아 영겁의 세월을 허비한 것이다. 지금 노자는 완전하지 못한 이 오천 자의 잠언을 제외하고는 우리에게 아무런 예언도 해 주지 않았다.

上士聞道, 勤而行之; 中士聞道, 若存若亡; 下士聞道, 大笑
之. 不笑不足以爲道. (41章)

【주 석】

- 勤   부지런하다. 적극적이다
- 若存若亡   여기서는 반신반의하며 어리둥절해하는 모습을 말한다.

【해 석】

상등의 지식인은 도를 들으면 간절히 실행한다.
중등의 지식인은 도를 들으면 반신반의한다.
하등의 지식인은 도를 들으면 껄껄 큰소리로 비웃는다. 조소를 받지 않는
도는 도라 할 수 없다. (41장)

내면의 길은 외부의 길보다 더 멀다

문밖을 나서지 않고도 천하의 일을 알 수 있다.

不出戶, 知天下

오늘날 문단에는 소위 '발로 뛰는 작가'들이 등장하고 있다. 틈만 나면 삼삼오오 떼를 지어 산과 강, 바다를 찾아다니며 신나게 놀고 여행길에 글을 쓰는 것이다. 내용은 전원의 들판은 풍요롭고 하늘은 파랗고 물은 푸르며 외국의 화장실은 냄새마저 향기롭다는 등이다. 하지만 달리는 말 위에서 경치를 구경하는 식이니 자연히 수박 겉핥기가 될 수밖에 없다. 때로는 우연히 자라를 보고 교룡을 봤노라 과장을 하게 되니, 자라 주인은 글을 보고 애꿎은 얼굴만 붉히고 사실을 아는 사람은 헛웃음만 나올 뿐이다. 때로는 쓸 만한 이야기가 없어 쓸데없는 이야기를 덧붙여보지만 배는 벌써 항구에 도착하고 다른 이는 다 상륙했는데 나 혼자 바닷물을 뚝뚝 떨어뜨리는 격으로 쓸데없는 부산만 떨게 된다. 이는 모두 사람들의 웃음거리나 될 풍경이다.

개중 비교적 노력하는 작가 한두 명은 여행 전 전문서적을 훑어보며 여행길에서 괜찮다는 명소를 방문해 보는 정성을 기울여 보지만, 집에만 돌아오면 허풍병이 도져 고양이도 호랑이로 둔갑시키며 과장과 허풍으로 글을 일관한다. 그래서 그곳에 있었던 소 한 마리, 꽃 한 송이, 누에 한 마리까지 일일이 분석을 하고 아주 작은 명물까지 온 힘을 다해 찬란한 아름다움으로 미화하려 하지만, 이런 글은 결국 중요한 것도, 사소한 것도 아닌 글이 된다. 이런 글을 읽는 사람이 핵심이 뭔지 고민하다가는 머리만 아파진다.

혹자는 중국인들의 머릿속에 '만 권의 책을 읽고, 만 리 길을 가며 견문을 넓히는 가운데 인생의 시야를 넓힐 수 있다'라는 생각이 있다고 하는데, 그 말은 틀림없는 사실이다. 그러나 독서와 여행, 이 두 가지는 상호의존적이다. 오늘날 우리가 독서를 하는 이유는 책에서 읽은 지식을 여행길에서 사용하고 책의 내용을 확인하며, 또한 자신이 확인한 일을 천하 만민의 이익으로까지 확대시켜야 하기 때문이다. 그러므로 독서 후의 여행은 매우 크고 중대한 의미가 있으며, 절대 그렇게 한가로울 수만 없다. 또한, 여행은 순전히 개인에 속한 일이며 떠나야 할 동기와 여행길에서의 고독, 황야에서의 생명의 위협과 고난을 포함한다. 진정한 여행자가 겪게 되는 모든 곤란과 어려움이란 모닝커피를 마시고 깨끗하고 폭신폭신한 침대에 누워 편안히 글을 쓰는, 소위 '발로 뛰는 작가들'은 절대 꿈꿀 수 없는 경지다. 그러므로 이런 사람은 자신의 글이 비난을 받으면 핑계거리를 찾아 얼버무리려 하든가 고금의 증거를 찾아내 정당화해보려 하지만 다른 사람들을 설복하기엔 역부족일 뿐이다.

더욱 중요한 것은 글쓰기라는 것을 살펴보면, 인류에게 현존하는 경전도 여행을 통해 이루어진 것이 아니고, 쉬엄쉬엄 놀면서 완성된 것은 더더욱 아니라는 사실이다. 글쓰기를 아끼는 사람에게 있어서 이것은 언제까지나 '큰 도의 체험과정이며, 내면세계로의 귀 기울임'이다. 글쓰기가 가기 원하는 길은 내면세계의 몸부림의 여정이며, 그가 듣기 원하는 이야기는 인류의 애절한 내면사이다. 물론 이런 내면사와 현실은 자연히 관계가 있으며 때로는 현실의 심각한 영향을 받기도 한다. 그러나 그 어떤 때에도 글쓰기의 핵심은, 이 세상의 백태들을 온 마음을 다해 밝혀내고 거기에 다시 작자의 생기를 불어 넣어야 한다는 것이다. 글에 민감한 생명력이 가득할 때에만 인생의 정원에는 역사를 인고한 측백나무, 한 아름도 더 되는 백양나무가 있을 수 있고 아침저녁 진실하고 아름다운 광경을 조망하면서 껍데기가 아닌 본질을 붙잡는 명상을 할 수 있다. 이런 생명을 음미하기 원한다면 내가 서 있는 이 자리에서도 약속의 땅이 펼쳐진다. 진정한 마음으로 느끼기만 한다면 자신이 있는 곳에서도 만리를 내다볼 수 있다.

사실, 인류의 모든 정신적인 창작활동은 전부 이런 특징을 가지고 있다. 서양 철학자들은 영혼을 잠잠히 다스리며 영혼의 여행을 떠나므로 마음을 통해 물리를 깨닫게 되었다. 그들이 사용

208
유쾌한 노자, 현대인과 소통하다

한 것은 마음의 재주이며 이런 재주를 통해 가지를 치고 덩굴을 자르며 피사계 심도[사진 촬영에서 초점이 맞는 구간]를 개척했다. 그의 지성은 가장 웅장한 광경을 포착하고 피안에서도 반짝이는 등대를 갖게 되었다. 그들은 '큰 도는 갈림길이 많아' 길을 잃기도 매우 쉽지만, 이 마음을 고수하여 평정을 유지하기만 하면, 나 자신을 알고 세계를 파악할 수 있으며, 이것이 바로 한 번에 만리 길을 행할 수 있는 도리임을 깨닫고 있었다.

중국인들의 지혜를 한 번 뒤돌아보자. 법당에 가만히 앉아 염불을 외우며 자신의 깨달음을 끊임없이 넘기는 염주 한 알로 승화시킨 이들은 보통 유명한 대사들이지만, 향을 피우며 예불하겠다고 전국 명산고찰을 찾아 헤매는 사람들은 고작 평범한 신도에 불과하지 않는가? 안타까운 사실은 각지의 산과 바다로 유람하며 글을 쓰는 작가들은 이 도리를 알지 못한다는 것이다. 관광객들이 다녀간 길을 열심히 찾으면 대개 유명관광지로 통하는 길을 찾는 데는 문제없겠지만, 영혼으로 통하는 길은 찾을 수 없기에, 아무리 많은 길을 다녀도 여전히 어리석은 말밖에 할 수 없는 것이다.

그들의 이야기는 노자의 교훈을 생각케 한다. 노자는 주관의 장애물을 제거한 후, 본래의 명철한 지혜와 순수하고 청정한 마음으로 번잡한 외물들을 되돌아보고 비춰보아야 한다고 생각했다. 이렇게 할 수만 있다면 문밖에 나가지 않고도 천하의 일을 모두 알 수 있으며 눈으로 직접 보지 않고도 만물의 도리를 규명

할 수 있다. 그 후 남은 일은 가만히 손을 놓고 무위를 행하며, 앉아서 성공을 기다리는 것이다. 이것이 바로 '문밖을 나서지 않고도 천하의 일을 알 수 있으며, 창문을 열지 않고도 천지운행의 법칙을 볼 수 있다'라는 도리다. 그렇지 않다면 멀리 나가면 나갈수록, 알게 되는 것은 점점 적어진다. 자신의 눈으로 보게 되는 점점 더 많은 일이 마음속 지혜의 맑은 빛을 빼앗아 가기 때문이다. 그렇다면, 어떻게 해야 큰 도를 체득할 수 있을까?

이 장에 대해서 역대의 주석가들은 다른 견해를 가질 수도 있다. 어떤 이는 글 중의 '앎'이란 자신이 아는 것이 아니라 타인이 알게 되는 것이라고 말한다. 만일 그렇다면, 도를 아는 사람은 문을 나서지도 않았는데, 천하 사람들은 이미 그의 큰 명성을 알게 되었다는 뜻이다. 이런 일은 확실히 있을 수 있다. 그러나 어떤 해석을 하든지 도를 아는 사람은 여행과 견문에 의존하지 않는다고 여긴 노자의 관점만은 확실하다.

어떤 이는 노자의 이 판단은 너무나 현묘해 상식에서 벗어나는 감이 있다고 여긴다. 그들은 직접적인 경험과 실천이 정말 아예 필요 없는 것이냐고 반문한다. 만일 내게 그런 이야기를 한다면 일부러 내 말에 트집을 잡아 언쟁을 하려는 건 아니라도, 문제를 보는 관점은 나와 처음부터 끝까지 많이 다르다는 걸 이야기하고 싶다. 독일 철학자 칸트가 평생 고향인 쾨니히스베르크 Koenigsberg의 사방 십리를 벗어나지 않았다는 사실을 생각하며, 혹시 이것이 머나먼 시공을 가로질러 나타난, 노자의 날카로운 판단을 인증해주는 증거가 되지 않을까 상상해본다. 내가 읽었던 책들, 걸어갔던 길을 다시 한 번 곰곰이 생각해보면 인류에 관한 노자의 지적은 바로 이런 것 같다.

"사람이 걷게 되는 자기 내면세계의 길은 외부세계의 길보다 훨씬 더 멀고 훨씬 더 길다."

不出戶, 知天下; 不窺牖, 見天道. 其出彌遠, 其知彌少.
是以聖人不行而知, 不見而明, 不爲而成. (47章)

• 天道   자연의 규율
• 不見而明   '명明'은 원서에는 '명名'이었으며, 고대에는 두 글자가 통용되
   었다.

문밖을 나서지 않고도 천하의 일을 알 수 있으며, 창문을 열지 않고도 천지
운행의 법칙을 볼 수 있다.
어떤 이는 멀리 가면 갈수록 아는 것이 더 적어진다.
성인은 집 밖을 나서지 않고도 느낄 수 있으며 살펴보지 않고도 정확한 판
단을 할 수 있고, 일하지 않고도 성취할 수 있다. (47장)

❰ 말은 적게 생각은 많이 ❱

말이 많은 사람은 지혜로운 사람이 아니다.

言者不知

언어는 존재를 대표한다고 하는데 사람이 말을 하지 않고 살 수 있을까? 하지만, 노자는 말을 하지 말고 살라고 이야기하는 것 같다. 말을 아예 하지 않는 건 아니더라도 적어도 말을 적게 해야 한다고 말이다. 그는 일반적인 상황에서 뭔가를 제대로 아는 사람은 대부분 말하기를 즐기지 않으며, 말하기 좋아하는 사람은 사실 뭘 전혀 모르는 사람이라고 생각한다. '안다'는 것은 때로는 '지혜'로 해석되기도 하지만 이 글에서 노자의 판단기준은 더욱 엄격하게 변한다. "자기가 똑똑하고, 보고 아는 것도 많고, 말도 잘하는 사람이라고 생각하는 건 사실 자기 주관이 없다는 뜻이라고!"

노자는 왜 이렇게 말하는가? 이는 노자가 '학문이 있는 사람은 잡다하게 박학하지 않고, 잡다하게 박학한 사람은 학문이 없는' 상황(이것은 헤겔이 《정신형상학 서언》에서 저술한 '익숙하다고 진정 알고 있는 것은 아니다'라는 부분과 유사하다)을 너무나 많이 목격했고, '선량한 사람은 교묘한 언사가 없고, 교묘한 언사가 있는 사람은 선량하지 않다'의 도리를 매우 잘 알고 있기 때문이었다. 주위를 차분히 돌아보면 순전하고 선량한 사람은 정말 대부분 함부로 말을 하지 않고 언변이 어눌한 반면, 경박한 사람은 모두 터무니없는 과장을 좋아하지 않는가? 말을 제일 많이 하는 사람은 대부분 일은 제일 적게 하기 마련이다. 그 상황은 올빼미는 노래하고 카나리아는 숨을 죽이고 있는 것과 같다.

노자는 역사지식에 매우 박학했으며 수많은 사람과 접촉하며 그들의 인성을 이해하고 있었다. 그의 역발상적인 사고방식에 의하면, 교묘한 말은 악행을 가릴 수도 있고, 말을 많이 한다고 반드시 실천할 수 있는 것도 아니라는 추정이 현실에 부합하는 법칙이었다. 여기서, 그의 말은 비록 매섭고 준엄하지만 절대 틀린 말이 아니라고 인정할 수밖에 없다. 이와 같은 이유 때문에, 맹자도 사람들이 자신을 '달변'이라고 칭찬하자 심히 두려워하며 사람들을 피해 도망쳤던 것이다.

위정자에 대해서 노자는 말을 적게 하거나 심지어 말을 하지 말라고 이야기한다. 즉, 정치, 종교, 예의, 음악에 대한 이야기는 많이 할 필요가 없으며, 정치는 말의 많고 적음에 달린 것이 아니라는 뜻이다. "그러므로 현명한 성인은 무위로써 일을 처리하고, 말 없는 가르침으로 백성을 교화한다. 是以聖人處無爲之事,

行不言之敎" 이 말의 뜻은 2장과 43장에서 세 번이나 반복된다. 노자는 이런 '말 없는 가르침'이야말로 아무런 흠도 없는 '선한 말 善言(27장)'이라고 보았다. 하늘의 도리에 따라 일을 행할 뿐만 아니라 백성에 귀감이 되고, 행동으로 하는 교육을 말뿐인 교육보다 더 귀중하게 여기니 어찌 선하지 않겠는가?

그렇지 않은 채, 대외선전 혹은 홍보매체를 상대로 큰 소리를 치고 허황된 말을 늘어놓으며 온종일 시간을 허비하는 일, 그리고도 성공적인 마케팅이었다는 망상에 빠지는 일 따위는 방관자가 볼 때 일종의 낯 뜨거운 줄도 모르는 자기 자랑에 불과할 뿐이다. 이런 행동이 무슨 효과를 거둘 수 있을까? "자기자랑을 하는 자는 공을 세울 수 없고, 교만방자한 사람은 오래갈 수 없다. 自伐者無功; 自矜者不長(24장)"라고 했으니 이는 필연적인 결과다.

그러므로 노자는 한편으로는 "말은 진실되며 신용을 지키고 言善信", 또 한편으로는 신중한 정치를 해야 한다고 말한다. "정부의 법령이 너무 많으면 오히려 실행이 어려우니 내면의 순수함과 평정을 지키는 것이 더 낫다. 多言數窮, 不如守中(5장)" "일류 통치자는 얼마나 유유자적한가! 법령은 적게 공포하고 일이 이뤄지면 백성은 '우리는 원래 이렇습니다'라고 하니 얼마나 좋은가? 悠兮其貴言, 功成事遂, 百姓皆謂我自然(17장)"

더욱 중요한 것은 노자는 '정치는 많은 말이 필요 없고 천하의 도리에 부합하는 자연스런 방법'이라고 여겼다는 것이다. "법령을 감하는 것이 순리에 따르는 것이다. 希言自然(23장)"란 말은 이 도리를 가장 잘 설명하고 있다. 이제, 그 안에 내포된 뜻을 믿거나 말거나, 결정은 각자에게 맡긴다.

4세기 그리스의 염세주의 시인 팔라다스Palladas는 이렇게 말한 바 있다. "사람은 말을 너무 많이 하면 죽음을 면하기 어렵다. 그러므로 살아있는 동안 죽음을 사색하도록 하자." 과거 영국의 소설가이자 수상이었던 벤저민 디즈레일리Benjamin Disraeli는 말했다. "인생은 너무 짧아서 별 중요하지 않은 이야기는 할 시간이 없다." 그들의 뜻은 모두 말은 적게 하되 일은 많이 하고, 말은 적게 하되 생각은 많이 하라는 것이다.

그렇다. 인생은 짧고도 고달프다. 우리가 사는 이유는 타인의 쓸데없는 한담을 듣기 위해서가 아니라 자아를 발견하고 자아를 찾기 위해서다. 그럼 어떻게 하면 자아를 발견하고 찾을 수 있을까? 위인들은 그들만의 방법이 있었다. 하지만 마음을 평정하게 하는 것이 이 목적을 달성할 수 있는 가장 쉬운 방법이다. 그래야만 생명의 번뇌 속에서 벗어난 영혼의 자유를 맛볼 수 있기 때문이다. 이런 목적을 언어로 설명하기는 어려우며, 한담과 잡담으로는 더욱 그러한 것이 분명하다. 지혜로운 사람은 한 마디 말이면 족하다. 지혜로운 사람이 아니라면 차라리 침묵을 지키는 편이 낫다.

노자는 지혜로운 사람이 분명하다. 그렇기에 그의 말은 간단했지만, 의미심장한 뜻을 남겨주고 있다. 그러나 많은 사람이 그의 안타까운 마음을 잘 모르고 그를 제거주의자라고 여긴다. 하지만 이는 말을 적게 하거나 하지 않는 삶에 장점이 너무나 많음을 증명해주는 좋은 방증이 된다. 이에 대해서는 장 드 라 브뤼에르Jean de La Bruyere의 《품격론》에도 아주 잘 나타나 있다. "침묵은 바보의 기지다." 현실생활 속에서 기지가 있는 바보는 그리 많지 않다. 총명한 사람의 입은 마음에 있는 것에 비해, 어리석은 자의 마음은 입에 있어 아주 큰 소리를 내며, 결과적으로 자신의 어리석음만 드러내고 말기 때문이다. 이에 대한 서구인들의 견해는 이러하다. "얕은 냇물이 흐르는 소리가 가장 크다. Shallow streams make most din." 이 구절은 노자의 "가장 크고 아름다운 소리는 들리지 않는 소리다. 大音希聲"라는 말과 대구를 이루며 서로 빛을 발하고 있다.

知者不言 言者不知. (56章)

信言不美, 美言不信.

善者不辯, 辯者不善.

知者不博, 博者不知. (81章)

• 知者不言 言者不知　곽점 간본은 '智之者弗言, 言之者弗智'라고 기록
　　하고 있다. 각 판본 및 주석가들의 주석을 종합하면 '지知'는 '지智'로 해
　　석해야 하며 '언言'은 정치종교적인 법령을 가리킨다.

• 信言　진실한 말

• 美言　화려하고 잘 꾸며진 말

지혜로운 사람은 말을 많이 하지 않는다.

말이 많은 사람은 지혜로운 사람이 아니다. (56장)

진실한 말은 언어가 화려하지 않으며,

화려한 언어는 진실하지 않다.

선량한 사람은 교묘한 언사가 없고,

교묘한 언사가 있는 사람은 선량하지 않다.

학문이 있는 사람은 잡다하게 박학하지 않고,

잡다하게 박학한 사람은 학문이 없다. (81장)

성인들은 고독한 법

도를 아는 사람은 거친 베옷을 입고 아름다운 옥을 감춘 자와 같다.

是以聖人被褐懷玉

이 편에서 노자가 말하는 '나'란 자신을 직접 가리키는 말이다. 그는 이렇게 말한다. "내 말은 이해가 쉽고 따라서 하기도 쉽다. 그렇지만 천하에는 나를 이해하는 사람이 없고 나를 따라 행할 수 있는 사람도 없다. 내 말은 취지가 분명하며, 행동에도 근거가 있다. 그러나 사람들은 큰 도에 대해 무지하므로 나를 이해할 수 없다."

생각해보면 그럴 만도 하다. "다른 사람들은 적극적인 삶을 강조하는데 당신은 무슨 일이 있어도 뒤로 물러나라고 강조해. 다른 사람들은 떨치고 일어나라고 말하는데 당신은 무슨 일이 있어도 남에게 굴복하며 살라고 하고. 다른 사람은 큰 소리 뻥뻥 치며 자기 자랑을 하는데 당신은 조용히 자기분수를 지키며 살라고 하지. 이 세상에서 제일 크고 아름다운 소리는 들리지 않는 소리라니, 당신의 그런 행동에 사람들이 현혹당할 게 뻔해. 그러고도 사람들한테 버림받지 않는 게 더 희한한 일이지. 당신이 말하는 도리가 틀린 건 없지만 문제가 있다는 걸 알긴 아나? 무슨 문제냐고? 당신은 너무 전위적이야. 사람들을 너무 앞서간다고. 당신이 시대를 앞서는 선각자처럼 나오니까 우리의 평범함과 사소함, 비위맞추기, 대충 지내기 같이 지극히 자연스러운 생존방식은 스포트라이트 아래 선 것처럼 단번에 폭로되어 버리거든. 이런 말도 그만두도록 하지. 당신은 자기를 투철하게 분석을 해서 수천 개의 구멍을 뚫어 사람들에게 보여주곤 어느 것이 자신이 이미 가진 것이고 어느 것이 자신이 가지게 될 것인지 보여주기까지 하지. 당신은 큰 인물의 화려한 새 옷을 열어젖히기도 하고 소인들의 회색 인생을 통찰하기도 해. 이런 행동을 하다니, 당신 너무 튀는 것 같지 않나? 그래, 우리는 당신과 같은 보조로 세월을 보내는 데 진절머리가 났다고. 하지만 우리는 당신을 싫어하기로 결정할 순 있어!"

노자는 분명 이런 대우를 수도 없이 겪었음이 분명하다. 남방인의 섬세하고 미묘함은 그에게 주위의 분위기를 절실히 느끼게 했다. 그래서 그는 "나를 이해하는 사람은 적고 나를 본보기로 삼는 사람은 더욱 적다."라고 한 것이다. 이 글에서 앞 구절은 잘 이해되지만 뒷 구절을 놓고는 사람들마다 서로 다른 해석을 제시한다. 어떤 이는 '則'을 동사로 이해하여 '본받다'라고 해석한다. 도는 천하에서 가장 귀중한 것이기에 도를 아는 자가 적고 이를 본받아 행하는 자는 더욱 대단하다는 것이다. 또 다른 견해는 접속사로 이해해 '그러므로'로 해석하는 것이다. 나의 도를 진정 귀한 것으로 이해하는 사람은 적고도 적다는 것이다. 그래서 나의 도는 귀중함을 더욱 더하게 된다. 어떤 이는 이를 '도적賊'이라고 해석한다. 나를 아는 사람은 적고 만나기도 힘들 뿐 아니라 어떤 이는 심지어 나를 해치려고 한다. 게다가 이렇게 나를 해하려는 사람은 지금까지 윗자리를 차지하고 있어 나는 사회의 하층계급에서 거칠고 짧은 옷을 입으며 재능을 갖추고도 발휘할 기회를 얻지 못하고 있다.

어쩌면 '성인은 거친 베옷을 입고 아름다운 옥을 감춘 자와 같다'는 말을 시대를 막론하고 지식인들이 내뱉는 보편적인 한탄으로 봐야 할 것이다. 물론 노자 이후 지식인의 지위가 크게 격상된 것은 사실이다. '사농공상'의 머리를 차지했을 뿐 아니라, 왕과 선비 중 누가 더 귀한가라는 주제를 놓고 변론할 정도가 되었다. 제선왕濟宣王 시절, 안촉顔斶이 바로 이런 일을 한 적이 있었다. 사실, 현실의 정치 생태를 놓고 볼 때, 이 바보서생 안촉은 비정상적인 길을 갔다고 할 수 있다.

그러나 후세에 역사가 계속된다면 대중은 특별히 덕성이 좋은 사람을 괴물로만 보지 않도록 고려해야 하는 것이 아닐까? 윗자리에 있는 사람은 지식인들이 정신자원만 축적하지 말고 경제적인 문제도 해결할 수 있도록 고려해 주어야 하는 것이 아닐까? 그렇다면 지식인은 교실과 강단, 광장에서 아주 영예롭게, 자신감과 자연의 마음을 가지고 대중들을 가르치고 발언할 것이다.

　그러나 이 일은 《상서尙書》 설명중說命中에서 "이치를 깨우치는 것은 어렵지 않지만, 이를 행하기 위한 노력이야말로 정말 어려운 것이다. 非知之艱, 行之惟艱"라고 말한 그대로다.

吾言甚易知, 甚易行也; 而天下莫之能知也, 莫之能行也.
言有宗, 事有君. 夫唯無知也, 是以不我知.
知我者希, 則我貴矣. 是以聖人被褐懷玉. (70章)

【 주석 】

- 宗　취지, 목적.
- 君　주재, 근거.
- 則　법칙, 여기서는 동사로 사용하여 '본받다'라고 말한다.
- 貴　만나기 어렵다.
- 褐　거친 베옷. 백서 갑, 을본에는 '피갈被褐' 뒤에 '이而'가 덧붙여져 있다.

【 해석 】

내 말은 이해도 쉽고 실행도 쉽다. 그러나 천하 사람들은 나를 이해하지 못
하므로 내 말을 실행하지 못한다.

내 말에는 취지가 있고 행동의 근거도 있다. 사람들이 도를 알지 못하므로
나를 이해하지 못한다.

나를 이해하는 사람은 적고 나를 본보기로 삼는 사람은 더욱 적다. 그러
므로 도를 아는 사람은 거친 베옷을 입고 아름다운 옥을 감춘 자와 같다.

(70장)

5부

노자의 통치철학

유쾌한 노자,
현대인과 소통하다

최고의 통치는 백성이 그 존재만 알 뿐

신뢰가 부족하면 믿을 수 없다.

信不足焉, 有不信焉

어떤 것에 강렬한 반대를 주장하는 사람들을 대개 다른 어떤 것에 대해서는 강렬한 지지를 주장하게 마련이다. 노자는 일부러 무언가를 한다는 유위有爲를 매우 강력하게 반대했다. 그래서 아주 당연하게, 자연스러움을 강조하는 모든 무위無爲를 강력하게 지지하고 있다. 하늘과 땅의 만물에서부터 갓난아기까지 말이다. 여기에서 그는 신용이라는 덕목의 중요성에 대해 말하려고 한다. 통치자에게 신용이 부족하면 백성들은 그를 믿을 수 없다는 말이다. 그러나 신용이 아무리 중요하다 하더라도 그는 여전히 무위의 입장에 서서, 무위에 기초한 논리를 전개해나가고 있다.

그걸 어떻게 알 수 있을까? 생각해 보자. 이 뜻에 대해 이야기하기 전에 노자는 먼저 서로 다른 세상과 서로 다른 통치자를 구분하고 있다. 그는 말한다. "최고의 통치자는 아랫사람이 그 존재를 알 뿐이고, 그 다음가는 통치자는 친근히 여기며 그를 높이고, 그 다음가는 통치자는 두려워하며, 제일 나쁜 통치자는 업신여기고 모욕한다. 太上, 下知有之; 其次, 親而譽之; 其次, 畏之; 其次, 侮之"고 말한다. 여기서 최고의 통치자란 가장 상위의 것, 즉, 위대한 도가 주재하는 세상을 가리킨다. 그 세계에서 사람들은 무위 속에서 자연스레 모든 것을 잊고 백성들은 통치자가 있다는 사실만을 인지할 뿐이다. 그곳 사람들은 무위의 행동을 알 수 있기 때문이다. 그 다음 세상은 비교적 양호한 편으로 백성들은 통치자를 친근히 여기고 찬양한다. (그곳 사람들은 보통, 마음이 청정하며 자연에 동화되어 있기 때문이다) 그 다음 세상부터는 뭔가 잘못되기 시작한다. 백성들은 통치자를 무서워하게 되기 때문이다. (왜냐하면 그 사람들은 무위를 계속해 나갈 수 없기 때문이다) 마지막 세상에서는 아예 목이 날아가는 것도 두려워하지 않고 공공연히 통치자를 무시하며, 심지어 배후에서 비판을 일삼는다. (왜냐하면 그 사람들은 유위를 지나치게 중시하고 고수하기 때문이다)

이 이야기를 한 후, 노자는 올바른 다스림은 말을 많이 한다고 되는 것이 아님을 다시 한 번 강조한다. 이 점에 대해서는 뒤에서 더 자세히 이야기할 텐데, 노자는 다른 곳에서도 이 교훈을 여러 차례 강조한 바 있다. 결론적으로 그의 요지는 통치자가 법령을 남발하지 않고(즉 많은 사업을 일으키지 않는 무위를 강조함), 백성들의 분별력과 능력을 충분히 신뢰해 준다면 백성들은 매우 행복할 것이고, 자신의 양심에 따라 각자 자신의 생업에 힘써 종사할 것이며, "법령은 적게 제정하고 일이 이뤄지면 백성들은 '우리는 원래 이렇습니다'라고 할 것이다. 功成事遂, 百姓皆謂: 我自然" 즉, 모든 일들이 본래 그렇게 되었어야만 했다는 것을 모두가 공감했다는 뜻이다. 이 말 속에는 이미 집정자가 백성들을 매우 존중했으며 백성들이 의정에 참여하도록 그 마음을 움직였다는 뜻을 내포하고 있는 듯 보인다. 우리는 무의식적으로 여기서 "백성은 성공에는 함께 즐거워 할 수 있지만, 사업의 시작부터 함께 이야기할 수는 없다. 民可以樂成, 不可以慮始"는 말이나 "백성은 집정자가 원하는 대로 이끌어 갈 수는 있지만, 왜 그렇게 해야 하는지는 설명할 수 없다. 民可使由之, 不可使知之"라는 관점과 비교를 하게 된다. 과연 누가 옳고 누가 그른 것일까? 그러나 설령 백성의 머리에 우민愚民이라는 모자를 씌운다 할지라도, 적어도 어떤 크기의 모자를 씌워야 할지 정도의 차이는 고려해 봐야 함을 알 수 있다.

그런 후에 노자가 '통치자에게 신용이 부족하면 백성들은 그를 믿을 수 없다'는 말을 위의 배경에 끼워 넣은 진의를 찾아봐야 한다. 그러면, 노자가 말하고 싶은 요지는 '통치자 혹은 성인이 진정으로 신뢰할 만 하다면 도를 운용해 천하를 다스리는 것만으로도 충분하다'였음을 알 수 있다. 바로 자신에게 신용이 있는지 없는지 자신감이 없기 때문에 정치를 할 때 인의를 베풀려고 노력을 하고 거기에 형법제도까지 동원해야 하는 것이다. 그렇지만 그런 정치는 백성들의 불신을 초래한다. 이것이 바로 통치자에게 신용이 필요한 첫 번째 이유이다. 두 번째 이유는 만일 자신이 신용할 만한 사람이라는 충분한 자신감이 있다면, 그렇게 열심히 떠들어 대며 사업을 벌이거나, 툭하면 법령을 공포하고, 요란스럽게 공적을 치하하거나 표창을 일삼을 필요도 없기 때문이다. 말을 함부로 하지 않지만 일단 내뱉은 말에 대해서는 추진력 있고 확실하게 처리한다면 백성들은 당연히 통치자가 책임을 지는 사람이라고 믿고, 자연히 그를 따르게 된다. 이렇게 생각해보면 많은 말을 할 필요도, 산더미 같은 법령을 만들 필요도 없다.

23장에서 노자는, 정치는 응당 조급성과 폭력성을 피해야 한다는 문제를 다루며 마지막 부분에서 이 글귀를 다시 반복한다. 23장 역시 전체적으로 무위에 대해 다루고 있다는 점을 염두에 두자.

【원문】

信不足焉, 有不信焉 (17章)

【주석】

· 信 신용

【해석】

통치자에게 신용이 부족하면 백성들은 그를 믿을 수 없다. (17장)

정치가 혼란하면 충신이 나온다

가정이 불화할 때 효도와 자애가 두드러진다.

六親不和, 有孝慈

노자의 격언은 항상 세상을 보는 다른 눈, 즉 새로운 각도를 제공해준다. 사실, 사물은 각도가 변하면 모양도 달라보이게 마련이다. 혹자는 일반적인 관점으로 문제를 보기 꺼려하는 사람을 미친 사람 아니면 천재라고 여긴다. 그럼, 그 둘의 차이점은 무엇일까? 그 둘을 구별하는 가장 희한한 방법은 바로 이것이다. 그 사람이 우리 옆집에 살고 있으면 미친놈이고, 교과서 속에서 살고 있다면 천재다. 노자가 살던 시대에, 노자 자신은 아무리 자기 말이 이해도 쉽고 실천도 쉽다고 여겨도 그의 말을 듣고 따르려는 사람은 한 명도 없었다. 사람들은 그가 미친 사람은 아니지만 외계인이나 별종이라고 여긴 것이다. 그러나 현대인에게 있어서 노자는 아주 오래 전, 고대에 살던 인물이고, 지금은 역사 책 속에서도 큰 비중을 차지하는 인물이기 때문에 그의 말대로 따라 살지 않는 것은 예나 지금이나 마찬가지라 해도 그가 불세출의 천재라는 것은 인정할 수 있다.

그러나 우리도 이 노인장께서 하신 말씀대로 실천하며 산다는 건 꽤 어려운 일이다. 그게 어렵다는 걸 알고도 남음이 있는 것이, 우리는 도덕이 좔좔 흐르다 못해 도덕을 초월하는 선전들을 떠들썩하게 해대는 걸 아주 좋아한다는 것이다. 예를 들어 우리는, 다른 사람이 '자기를 초월해 대의를 위해 사는' 정도도 성에 차지 않아, '절대적인 공평무사와 가치관'을 가지라고 선전하기도 한다. 우리 아이들이 아이돌 스타를 쫓느라 정신이 팔린 사이 사랑하는 아버지는 자살을 하게 되었는데도[중국에서 실제 발생한 사건] 아이들은 천성이 순진하고 선량하다는 말만 되풀이한다. 사실과 선전이 너무 다르고, 그러다보면 선전을 불신하거나 회의를 하는 사람들도 하나 둘 생겨나게 마련이다.

그런데도 우리는 아직도 그런 선전을 하고 있다. 이 문제를 어떻게 바라봐야 할까? 현명한 사람들은 노자의 혜안을 빌려 앞에서 볼 것은 뒤에서 보고, 뒤에서 볼 것은 옆에서 본다. 사람의 마음이 순박함으로 돌아가야 한다고 목청이 터져라 선전을 하는 시대는, 이미 수많은 사람이 부모님께 어떻게 효도해야 하는지 모르는 시대가 되었다는 뜻이다. 이웃끼리 서로 도와야 한다고 선전하는 시대는, 이미 한 아파트 복도에 살면서도 이웃집 사람이 남자인지 여자인지도 모를 시대가 되었다는 뜻이다. 이는 어떤 이에게는 전혀 예상치 못했던 당혹감을 안겨주기에 충분하리

라. 이쯤 되면 노자가 천재라고 두 손 두 발 다 들고 승복하지 않을 수 없게 된다.

노자의 가르침대로 논리를 전개하자면, 이런 귀결을 맞게 된다. 육친[六親: 부모, 자식, 형, 아우, 남편, 아내]이 화목하게 되면, 효성스럽지 않고 자애롭지 않을 사람이 누가 있을까? 국가가 제대로 된 방침에 따라 정치를 하고 있으면 충신이 아닌 사람이 누가 있을까? 다른 말로, 한 가정의 육친이 정말로 화기애애하게 되면 효도나 자애란 개념도 사라지고, 효성스럽고 자애롭다는 명성도 강조하지 않게 된다는 뜻이다. 가족 구성원들이 전부 모범적이기 때문이다. 또한 국가가 살기 좋은 정치를 시행하고 있다면 충신과 간신을 구분하는 것이 쓸모없고, 또 보기 드문 충신도 사라지게 된다. 모든 신하들이 전부 맡은 바 책임을 다하고 있기 때문이다. 그러나 지금은 효도하라고, 자애로우라고 힘을 다해 격려하고 누가 누가 충신이라고 선전한다. 이것은 이미 육친이 불화하고 국가는 혼란에 빠졌다는 이야기가 아닐까? "영토를 얻으려는 전쟁에 죽은 자가 들판을 가득 채우고, 성을 얻으려는 전쟁에 죽은 자는 성을 가득 채운다. 爭地以戰, 殺人盈野; 爭城以戰, 殺人盈城《孟子》 이루상離婁上)"라고 했던 과거의 난세를 상상해보자. 그때 많은 사람이 오직 자신의 이익추구에만 빠져, 천하 백성의 안위는 전혀 안중에도 두지 않는 일들이 버젓이 벌어졌었다. 노자의 말은 우리를 크게 일깨워주고 있다.

그러므로 식견이 있는 사람들은, "어떤 덕행을 칭송한다는 것은 그 덕행이 매우 결핍되어 있기 때문이다. 혼란하고 불안한 사회상 속에서 인자함과 의로움, 효성과 자애, 충성 등의 미덕은 눈 오는 날에 보내주는 숯처럼 곤란한 사람에게 큰 도움이 된다."고 말한다. 이 말은 "물고기는 물속에서 물의 중요성을 알지 못하고, 사람은 공기 속에서는 공기의 중요성을 알지 못한다. 위대한 덕목들이 흥왕하고 인의가 온 땅에 가득할 때 사람들은 인의를 외칠 필요성을 깨닫지 못한다. 인의를 숭상하는 시대가 도래하게 되면 그때는 이미 사회가 변질되어 순박성을 잃어버렸음을 뜻한다.(진고응陳鼓應《노자 금주금역老子今注今譯》)"라는 말과 일맥상통한다.

이 글을 읽고 있는 여러분은 과연 어떤 생각을 가지고 있을지 궁금하다. 이제 우리는 그 공허하고 무의미하며 낡아빠진 선전 문구들을 당장 집어치워야 하지 않을까?

大道廢, 有仁義; 六親不和, 有孝慈; 國家昏亂, 有忠臣. (18章)

【주석】

- 大道廢, 有仁義　간본簡本 및 백서 을본에서는 "大道廢, 安有仁義"라고 적고 있다.
- 六親　부모, 자식, 형, 아우, 남편, 아내
- 忠臣　간본에서는 "정신正臣", 백서 및 박혁본에서는 "정신貞臣"이라고 적고 있다.

【해석】

큰 도가 사라질 때 인의가 드러나게 된다.

가정이 불화할 때 효도와 자애가 두드러진다.

국가정치가 혼란할 때 충신이 탄생하게 된다. (18장)

❚ 자신을 아는 자만이 현명하다 ❚

지혜와 수단으로 다스리면 국가에 재앙이 된다.

以智治國, 國之賊

지혜로워서 무슨 일이든 잘 분별하는 능력은 누구나 부러워하는 재능이고, 적어도 사람들에게 미움을 받을 재능은 아니다. 하지 만 노자는 항상 가장 근본적인 문제에 질문을 던지기 좋아하는 사람임을 상기하자. 이번에 그가 던지고 싶은 질문은 이런 큰 지 혜와 분별력이 과연 좋은가? 하는 것이다. 물론 예상했던 대로 그에게는 준비된 답이 있다.

그가 알려주는 답은 이런 것들은 버리라는 것이다. 물론, 그는 이런 근본적인 질문을 던지는 데 필요한 어려움들을 꿰뚫어 보 고 있으며, 이것들을 행하기 위해 치러야할 대가도 잘 알고 있다. 그러나 지혜와 분별력이 좋은 것이 아니라면 이것들이 성행하는 사회도 절대 좋은 세상이 될 수 없기에, 그는 자신의 의문을 끝까 지 고수하고 있다.

그가 보는 깨끗한 세상은 다툼이나 탐욕이 없는 세상이다. 깨끗한 군자도 이와 마찬가지다. 게다가 이런 원칙을 실천할 때, 군자는 완벽히 내면의 덕성에 기초해서 아주 자연스럽게 자신의 행동에 흔적을 남기지 않게 된다. 상고시대 사람들은 대부분 이러했다. 그러나 훗날, 지혜라는 것이 생겨나면서 큰 위선들도 생겨나게 되었고, 상황은 완전히 달라졌다. 일신의 욕망을 만족시키고 더 많은 이익을 얻기 위해 사람들은 그릇된 방향으로 두뇌를 개발하고 기만과 속임수에 힘을 쏟게 되자, 천하엔 태평이 사라지게 된 것이다.

노자는 이런 태평하지 않은 세상에서 거의 모든 사람들이 잘못된 편에 서게 되었다고 생각한다. 선량한 사람들도 생존을 위해서는 어쩔 수 없이 간혹 이런 약삭빠른 지혜와 분별력을 사용하긴 하지만, 결과적으로 몸과 마음만 더 피곤해질 뿐, 실제로 얻는 것은 아무것도 없게 마련이다.

하지만 선량하지 않은 사람들은 효도도 하지 않고 자애롭지도 않은데, 선량한 사람보다 더 속 편히 살면서 실리는 실리대로 취하는 것처럼 보인다. 위와 같은 상황에 관해서는 노자도 여러 곳에서 언급한 바 있다. 탐심 때문에 실리를 얻는데 마음을 뺏긴 사람은 여러 가지 수단을 끊임없이 구사하며 별별 궁리를 해댄다. 보통 사람들의 탐심과 나쁜 속셈은 한 번 보면 알아차릴 수 있어 피하기만 하면 되지만, 아주 약삭빠르고 노련한 사람의 탐심과 나쁜 속셈은 생각도 깊고 방법도 치밀하여 막아내기가 어렵다.

《한비자》에는 이런 말이 나온다. "예전 백성들은 순박해서 속임수로도 취할 수 있었다. 그러나 지금의 백성들은 지혜를 생각해낼 뿐 아니라 스스로 이를 행하려 해서 통치자의 말을 듣지 않는다.(충효편)" "옛사람은 덕을 구하는데 힘썼으며, 그 후의 사람들은 지혜를 추구했고, 지금은 세력을 얻기 위해 다툰다. 古人於德, 中世逐於智, 當今爭於力(心度篇)"이것만 보더라도 노자 시대에 사람들의 마음이 어떻게 변했는지 잘 알 수 있다. 쉽게 말해서, 이미 타락의 길에 들어섰다고 할 수 있다.

그래서 그는 역설의 지혜를 주장한다. 세상이 이미 이렇게 되었으니 성인이 지혜와 수단으로 백성을 다스리거나 속임수로 백성을 견제한다면 그건 속임수에다 더한 속임수를 사용하는 꼴이나 마찬가지다. 이런 상황을 그대로 방치하면 나라가 엉망진창이 되는 건 시간문제다. 따라서 그는 "성인의 다스림은 백성들의 '속임수와 욕심'을 제하는데 힘쓰고", "속임수와 수단을 쓰려는 자가 경거망동하지 않도록 한다. 使夫智者不敢爲也(3장)"라고 말한다. 무위를 행하기만 한다면 다스리지 못할 것이 아무것도 없다. 이것이 바로 그가 말하는 "지혜와 수단을 버리면 국가에는 축복이 된다."는 도리다.

노자의 역설의 지혜는 사실 더 깊은 뜻을 내포하고 있다. 즉, 그는 "무엇이 지혜인가?"라는 근본적인 질문에 정확한 정의를 내려야 한다고 생각했다. 그의 눈에 '지혜'란 일종의 세속적인 총명

일 뿐이었다. 세속적인 사람들이 사람들을 대하며 세상과 함께 다양하게 변화하는 것, 이로써 삶에 즐거움을 느끼고 피곤한 줄 모르는 상태, 소위 사람들과의 경쟁에서 무한한 즐거움을 찾는 상태 말이다. 이런 경쟁 속에서 기선을 제압하고 안전한 승리를 얻기 위해 사람들은 세력범위가 얼마나 크고 작은지 계산하고, 다시 자신의 덕이 얼마나 되는지를 따지며, 거기에다 자기가 기 댈 사람이 얼마나 많은 재력과 실력을 갖추었는지 촉각을 곤두 세운다. 이렇게 낮이고 밤이고 쉬지 않고 우주의 고뇌를 짊어지 며 산다. 평상시에도 이런 삶이 습관이 되면, 사람을 꿰뚫어 보 는데 온 힘을 기울이며, 사람을 파악하려고 수단과 방법을 다한 다. 또한 이런 것들을 일상생활에서 가장 중요한 학문으로 삼는 경우는 셀 수 없이 많다. 그래서 그는 "타인을 분별하는 사람을 지혜롭다고 하나, 오직 자신을 아는 자만이 현명하다. 知人者智, 自知者明(33장)"라는 말을 남긴 것이다. 노자는 '자신에 대한 통찰' 을 해낼 수 없는 이런 유의 '지혜'를 인정하고 싶지 않았음을 알 수 있다. 그는 백성을 다스리기 힘든 이유가 통치자가 이런 지혜 를 많이 사용하기 때문이라고 말한다.

오늘날은 과학기술이 발달한 지식경제사회다. 역설의 지혜를 자꾸 강조하다보면 자연히 세상의 조류를 등지고 세상의 불합리 에 분개하는 염세적인 태도를 조장하기 마련이다. 하지만 생각해 보면 이런 상황도 있을 수 있지 않을까? 우리의 지식은 점점 넓어 지는 반면 창의성은 점점 떨어지는 사회, 화려하고 아름다운 것은 점점 증가하지만 감성은 점점 메말라가는 사회, 총명함과 주의력은 점점 높아지지만 진실한 마음은 점점 사라지는 사회 말이다. 그런 세태 속에서는 어린 소녀들의 꿈속에서 등장하던 백마 탄 왕자조차 믿을 수 있는 신랑감이 아니라 오만하고 제멋대로인 왕자병환자로 탈바꿈 해버린다.

예전의 사회는 어땠는지 생각해보자. 남자가 듬직하고 성실하기만 하면 딸은 물론 부모까지 기뻐 어쩔 줄 몰라 하지 않았나? 하지만 지금은 여자도 "약삭빠르지 못하고 실속 못 차리는 사람은 질색이야."라고 할 뿐 아니라, 부모까지도 가자미눈을 하고 사사건건 의심을 하게 되었다. '이 사람이 우리 딸한테 듬직하고 성실한 것까지는 좋은 데, 다른 사람들한테까지 이렇게 어수룩하기만 하면 큰 일 아니야?' 딸의 사전에서 이런 상황에서 쓰는 '약삭빠름'은 많이 지혜롭다는 뜻이 된다. 즉, EQ도 높고, 사람들하고 잘 어울리고, 팔방미인에, 누구에게나 잘 할 사람 말이다. 물론 이런 재능이 있다는 건 좋은 일이다.

사람들은 여러 가지 일을 겪으며 이런 교훈을 얻게 되었다. '결과가 어떨지는 자기만 알 뿐이다.'《노자》를 읽은 사람이라면 이 오천 자 중에서 어떤 글귀는 정말 현대인들을 위해 한 말임을 뼈저리게 느낄 것이다. 이건 중국사람 뿐만이 아니라 세계인들에게 모두 해당되는 이야기다. 이 세계 각처에서도 자기 지혜를 자랑하는 코미디들은 연일 상영되고 있으니까. 노자는 더 이상 입 아픈 잔소리는 하지 않는다. 라 로슈푸코La Rochefoucauld의 격언에도 이런 말이 있지 않나. "가장 교묘한 어리석음은 가장 교묘한 지혜에서 나온다."

밤이고 낮이고 어리석음만 교묘하게 창조해나가는 인생들이여, 정말 불쌍하구나!

絕智棄辯, 民利百倍. (19章)

古之善爲道者, 非以明民, 將以愚之. 民之難治, 以其智多.

故以智治國, 國之賊; 不以智治國, 國之福. (65章)

【 주 석 】

- 明   이곳에서는 사람이 순박함을 가리고 속임수와 기교를 알게 됨을 말한다.
- 愚   이곳에서는 순박함과 본질로 돌아감을 말한다.
- 賊   해가 됨

【 해 석 】

지혜와 분별력을 버리고 포기하면 백성들의 이익은 백배가 된다. (19장)

고대로부터 도를 행하는데 능한 자는 백성들에게 속임수의 기교를 가르치기보다 순박한 본질로 돌아가도록 했다.

백성들을 다스리기 어려운 까닭은 지혜와 수단을 너무 많이 사용하기 때문이다. 지혜와 수단으로 나라를 다스리면 국가에는 재앙이 된다. 지혜와 수단을 버리면 국가에는 축복이 된다. (65장)

덕 있는 자는 무위로써 다스린다

예는 충성과 신의 부족의 상징이다.

禮者, 忠信之薄

청나라 말기의 고증학자 왕국유王國維는 노자에 대해 이렇게 평가했다.

"윤리사상과 정치사상은 모두 소극주의 경향을 띤다. 태고적 온화하고 순박한 정치를 사모하며, 자연스러운 인성에 기초해 담담함과 무위를 가장 큰 선으로 여긴다. 그 염세적인 세계관을 기초로 볼 때, 그는 동주東周의 세태에 크게 격분하여, 격앙된 어조로 비사회적인 발언을 한 인물이다."

노자가 소극주의자나 염세주의자인지에 대해서는 잠시 논의를 보류하겠지만, 그가 세태에 격분하여 격앙된 발언을 했다는 점만은 분명하다고 할 수 있다. '예禮'를 두고 충성과 신의가 부족하다는 상징이며, 모든 재난과 변란의 시작이라고 한 말이 바로 대표적인 예라 할 수 있다.

노자의 여러 발언과 마찬가지로 이 말도 처음엔 아주 귀에 거슬리지만, 자세히 생각해보면 사물의 핵심을 찌르고 이치를 정확하게 밝혀내는 힘에 탄복하지 않을 수 없게 된다. 이 결론을 도출해내면서, 노자는 완벽하면서도 설득력이 있는 논리를 펼치고 있다. 그는 말한다.

"상등의 덕을 가진 자는 일부러 덕을 나타내려고 하지 않기에 덕에 부합한다. 하등의 덕을 가진 사람은 일부러 덕을 나타내려 하기에 덕에 부합하지 않는다. 상등의 덕을 가진 사람은 무위로써 다스리며, 하등의 덕을 가진 사람은 일부러 일을 만들어 낸다. 상등의 인을 가진 사람은 무엇인가를 하더라도 일부러 행하지 않고, 상등의 의를 가진 사람은 무엇인가를 할 때 일부러 행한다. 상등의 예를 가진 사람은 무언가를 하더라도 아무도 그에 답하지 않으므로 손을 내밀어 타인에게 억지로 행하도록 한다. 上德不德, 是以有德; 下德不失德, 是以無德. 上德無爲而無以爲; 下德無爲而有以爲. 上仁爲之而無以爲; 上義爲之而有以爲. 上禮爲之而莫之應, 則攘臂而扔之"

그의 말은 상등의 덕을 가진 사람, 즉 진정한 덕을 가진 사람은 무위를 숭상하며 그렇기에 입으로만 덕을 실천하는 것이 아니고 내면에 덕을 가지고 있으므로 덕은 항상 존재하게 된다. 하등의 덕을 가진 사람은 자신이 부덕하다는 것을 잘 알고 있기에 일부러 덕스러운 행동을 하며 덕을 잃지 않고자 무진 애를 쓰지만, 실제로는 덕스럽지 못하게 된다. 상등의 덕을 가진 사람이 하는 일은 자연에 따른 무위이며, 상등의 인을 가진 사람은 비록 의도적인 행동을 하기는 하나 인위성은 그렇게 많지 않고, 상등의 의를 가진 사람은 의도적인 행동도 있고 인위성도 있으며, 상등의 예를 가진 사람은 이보다 더 못하다고 한다. 행동이 지나치게 의도적이며 인위성도 강하기 때문에 사람들의 반감을 사게 되고, 결국엔 사람들이 강제로 예에 복종하도록 손을 내밀고 무력까지 동원하기 때문이다.

노자는 '도' '덕' '인' '의' '예' 이 다섯 가지 미덕 간에 상호의존 관계가 있다고 여겼음을 알 수 있다. 그러나 수양의 정도에 따라서 도 이외의 후자들이 가진 '도 함량'은 점점 체감하고 순도가 떨어지게 된다고 말한다. '도'가 가장 높은 위치를 차지하고 있는 이유는 담담한 무위와 사물보다 먼저 움직이지 않는 특성 때문이다. 그에 비해 '덕' 이하의 미덕들은 의도적인 행동들이 생기게 된다. 게다가 의도적인 행동을 하는 사람들은 주관적인 '선입견'이 증가함에 따라 '도'에서 점점 멀어지게 된다.

사람의 궁리가 깊어질수록 하늘의 진리는 얕아지고, 하늘의 진리가 사라질수록 죄는 창궐하게 된다는 말이 바로 이런 뜻이다. 그러므로 노자는 같은 장에서 이런 말을 하고 있다. "그러므로 도를 잃어버리면 덕이 생기고, 덕을 잃어버리면 인이 생기며, 인을 잃어버리면 의가 생기고, 의를 잃어버리면 예가 생긴다. 故失道而後德, 失德而後仁, 失仁而後義, 失義而後禮" 여기서 말하는 이치와 논술 방식은 18장의 "큰 도가 사라질 때 인의가 생긴다. 大道廢, 有仁義"는 말과 완전히 동일하다. 어떤 연구자는 노자의 이 몇 구절이 "도를 상실하면 덕을 상실하고, 덕을 상실하면 인을 상실하며, 인을 상실하면 의를 상실하고, 의를 상실하면 예를 상실하게 된다.(진고응 《노자 금주금역》)"라는 뜻으로 이해하는데, 사실 노자의 진의는 "이 세상에서 도가 사라질 때 덕이 생겨나고, 덕이 사라질 때 인이 생겨나며, 인이 사라질 때 의가 생겨나고 의가 사라질 때 비로소 예가 생겨난다"는 데 있다. 그러므로 '예'라는 이 별종은 진정 충성과 신의 부족의 상징이며, 모든 재난과 변란의 발단이 된다.

선진 제자백가 철학을 살펴보면 이와 동일한 철학 범주의 토론을 자주 찾아볼 수 있다. 예를 들어 한비자는 "덕은 도의 쓰임이며, 인은 덕의 빛이고, 의는 인의 행동이요, 예는 의의 글귀다"라는 말을 한 적이 있다. 그 후 《문자文子》 상인上仁편도 이렇게 밝히고 있다.

"고대의 군자는 도와 덕을 철저히 행하며 말했고, 인과 의는 대략 행하며 말하고, 예와 지는 아주 조금만 행하며 말했다. 이 여섯 가지는 국가를 유지시키는 강령이다. 이 여섯 가지를 철저히 행하면 풍성한 복을 얻게 되고, 대략 행하면 다소간의 복을 얻으며, 모두 다 행하면 천하가 복종하게 된다."

그들이 볼 때, 도와 덕을 수양하는 사람은 천하를 바로잡을 수 있으며 인과 의를 수양하는 사람은 한 나라를 바로잡을 수 있고, 예와 지를 수양하는 사람은 그보다 한 단계 떨어져 한 고장을 바로잡을 수 있다고 생각했다. 도덕수준이 점점 떨어지는 현상은 사회의 기강이 날로 해이해져 사람의 마음이 점점 부패해 가는 현상과 서로 대응을 이룬다. 그러므로 노자의 이 '덕 있는 자는 무위로써 다스린다'라는 구절에 우리는 깊은 사색과 함께 신뢰를 표하지 않을 수 없다.

夫禮者, 忠信之薄, 而亂之首. (38章)

【주석】

- 薄   쇠약하여 적어짐, 부족함
- 亂之首   재난과 변란의 발단

【해석】

예는 충성과 신의 부족의 상징이며, 모든 재난과 변란의 시작이다. (38장)

요리사의 철학

대국을 다스림은 물고기를 지지는 것이다.

治大國, 若烹小鮮

언변에 능한 사람은 무슨 사물이든 이치를 설명하는 도구로 둔 갑시킨다. 어쩌면 3대의 상고시대에 요리사가 많았던 탓 때문일까? 예를 들어, 하 왕조의 6대 군주인 소강少康은 오늘날의 요리 장인 포정庖丁이었고, 상 왕조의 재상 이윤伊尹 역시 주방장 출신이었다. 그래서 이번에 노자는 요리 만들기로 우리와 이야기를 나누려고 한다.

그는 위정자가 청정하며 무위하여 도로써 천하를 다스리면 귀신도 해코지를 할 수 없고 신령도 건드릴 수 없으며 백성들은 쌓여진 충만한 덕을 솔직히 받아들이며 자유롭고 평화로운 생활을 해 나갈 수 있다고 말했다. 그렇다면 위정자는 어떻게 그 일을 이뤄낼 수 있을까? 그의 건의는 바로 청정하며 쓸 데 없는 일은 삼가라는 것이다. 쓸 데 없는 일을 만들어 백성들을 괴롭히는 사람은 벌을 받게 된다. 큰 나라를 다스리는 도리는 요리사가 고양이에게 먹일 작은 물고기를 지지는 것과 같다는 것이다. 작은 물고기는 뼈가 연약하고 살집이 적어 조금만 잘못 건드렸다가는 뼈와 살이 분리되고 머리와 몸이 분리되는 불상사가 쉽게 발생하기 때문에 특별히 조심해야 한다.

혹자는 노자가 요리사는 해본 경험이 없기 때문에 이번에는 분명 적합하지 않은 비유를 들었을 거라고 생각할지도 모르겠다. "작은 나라를 다스리는 게 작은 물고기를 지지는 것과 같다고 한다면 또 모르겠지만, '큰 나라'를 다스리는 건 이렇게 심각하게 이야기할 필요까진 없겠지?" 라고 말이다. 그러나 노자야말로 역사서에도 해박하고 수많은 인간사를 겪은 사람인데 함부로 입을 벙긋할 수 있겠는가?

큰 나라에는 전투용 전차가 천 대나 되고 기갑장병만 백만이 넘는다. 바로 나라가 크고 나라의 기본도 잘 갖춰져 있기 때문에 국가 위정자의 야심이나 국가 창업의 포부, 원대한 계획을 실현하려는 욕심이 크게 자극을 받는 것이다. 때로는 천하를 손아귀에 넣으려는 자기 욕심을 만족시키기 위해서 만백성을 경시하며 욕망을 키워나간다. 안으로는 정치를 새롭게 하고 밖으로는 제후들과 정략결혼을 감행하다가 조금 지나면 다시 안으로 정적들을 감옥에 가두고 밖으로 끔찍한 정벌전쟁을 연일 이어가며 조삼모사, 조령모개를 일상화시킨다. 신하의 충성심을 살피면서도 군주의 위엄으로 국민을 위압한다. 국력이 강대하고 국가의 밑천이 풍부할수록 이런 쓸 데 없는 난리는 계절마다 발작적으로 일어나 멈추지 않았으므로, 국민에게 초래되는 해악은 매우 심각한 것이다. 그러므로 이 경고는 큰 나라를 다스리는 자에게 있어 더욱 중요하다.

중국 24왕조의 역사를 살펴보면 진, 한 이래로 원, 명, 청까지 위대한 포부와 전략을 가졌던 군주는 끊임없이 탄생했다. 외적으로는 인의를 행하며 내적으로는 내실을 다지려고 욕심을 부렸던 군주 또한 아주 많았다. 그들은 '상황이 급박하고, 사업은 벌여야 하며, 선조들에게 부끄럽지 않아야 하는데다가 후세에게도 볼 면목이 있어야 하지 않나?' 라고 생각했기에 백 년 이전의 일에도 참견해야 했고 천추만대 이후의 일까지 참견하느라 자기 눈앞의 백성들, 세상 만민은 까맣게 잊어버리게 되었다. 조상의 유업을 잘 계승하기 위해 개혁이라는 이름까지 동원하며 수많은 법령을 뜯어고치고 신법을 새로 만들어냈다. 하지만 문제의 실질은 전혀 건드리지 못했기에 근본적으로 국가의 이익을 증대시키고 폐단을 근절시킬 수 없었다. 게다가 황권과 제도 자체는 더욱 건드릴 수 없었으니 해가 갈수록 쌓여가는 묵은 병폐는 줄어들지 않을 뿐 아니라 백성들에게 터무니없는 부담은 늘어가기만 했다.

그 중 어떤 개정과 개혁은 완전히 황제의 기분에 따라 오락가락 했음은 말할 나위도 없다. 황제 자신이 본래 기발한 생각이 많아서 후궁이나 비빈과 함께 노닥거리며 스트레스를 푸는 것이면 문제는 그다지 크지 않을 것이다. 혹은 함께 하는 시간이 길어져서 신비감이 사라지거나 황제를 우러러 보지도 않고 심지어 관계가 가까운 경우에는 태도가 사뭇 불손하기까지 하다면야. 이때 후궁과 비빈에게 몇 마디 허풍을 좀 떨어대는 것도 존경과 우러름을 회복할 수 있는 좋은 방법일 수도 있다. 그러나 이런 허황된 생각을 조정에 가지고 와 중신들과 토론을 한다면 이는 신하들을 너무나 난처하게 하는 일이 분명하다. 좋다고 말하기도 찜찜하고, 안 된다고 말하기에는 용기가 없어 정말 "소신, 어찌할 바를 모르겠사옵니다."란 말이 터져 나올 터다. 이 생각을 다시 나라로 가지고 와 실행한다면 그건 더 황당한 일이 된다. 백성은 황제의 명령대로 순종하려다 고생은 고생대로 하고, 하지 않겠다고 반항하면 화만 당하게 된다. 이런 식으로 선정이 순식간에 학정으로 돌변하면, 고기 살을 먹을 생각은커녕 뼈 한 조각 씹을 생각도 말아야 한다.

　현대인들의 정책 제정 초기에 어떻게 하나? 반드시 각 방면의 논의와 논증을 거치고, 심사숙고를 반복해야 한다. 정책이 정식 공포되더라도 엄격하게 준수하므로 정책의 권위를 보여주어야 한다. 혹시 주변상황이 변하게 되면 시간이 흐를수록 폐단이 생기기 쉬우므로 신속한 개정도 매우 필요한 일이다. 그러나 법령을 시행할 때에는 반드시 시간을 두고 안정적인 시행을 보장해야 한다. 기존 법령의 합리적인 면을 포용하고 살리면서 약간의 개량을 하면 완비된 법이 될 수 있다. 《노자》를 읽으면 오늘날의 행정이론이 진정한 연원을 가지고 있었다는 것을 알게 된다. 이것이 노자가 추종한 성숙한 정치이며, 오늘날 현대인들이 기대하는 민주주의 정치에 가장 근접한 형태라 할 수 있다.

1980년대, 미국 대통령이 국정감사문에서 노자의 이 구절을 인용했던 기억이 아직 잊히지 않는다. 또한 이 해《노자》의 영역 출판물이 103종이나 되어 인세가 13만 달러에 달했고 노자의 가치가 대중들에게 광범위한 인정을 받았던 일이 생각난다. 이와 대조해 볼 때, 현실은 우리에게 부끄러움을 안겨준다. 역사의 안개구름을 뚫고 나오는 노자의 눈빛을 느낄 수 있는가? 그 두 눈은 평온 속에 살며시 감겼다 떠지며 맑고 깨끗한 예지의 빛을 뿜어내는 중이다.

治大國, 若烹小鮮. (60章)

•小鮮　작은 물고기

대국을 다스림은 작은 생선을 지지는 것과 같다. (60장)

❮ 대국이 사는 법 ❯

대국은 겸손한 태도를 가져야 소국을 모을 수 있다.

故大邦以下小邦, 則取小邦

춘추시대, 황실이 쇠약해지면서 열국의 분쟁이 시작되었다. 그 격렬한 정도는 여러 고문서에 기록되어 있지만 역사에 민감하지 않은 사람은 이를 알아차리기 어렵다. 그러나 전문가의 뛰어난 고증작업을 거쳐 역사의 현장으로 돌아가게 된다면 '눈이 번쩍 뜨이고 정신이 번쩍 든다'는 말처럼 그 긴박감을 온몸으로 느낄 수 있을 것이다.

'공공의 주인'이 없었던 시대에는 국가도 많았고(주나라 초기에는 1,800여 개의 국가가 있었고 춘추시대까지 140여 개가 존속했다고 함), 국가와 국가 간의 교류와 분쟁도 많아질 수밖에 없었다. 일단 교섭이 틀어지면 전쟁은 피할 수 없는 일이었다. 이 가운데 대국이 국토를 확장하는 방법과 소국이 고래들 틈에서 생존해 나가는 방법은 사람들이 주목하는 주요 화제가 되었다. 《좌전左傳》 양공襄公 20년에는 희한한 관점이 기재되어 있다. 책에서는 "제후와 소국들은 진晉나라와 초나라가 위협을 하면 두려워하며 나라의 상하가 단결하고 화합하였다. 단결하며 화합하니 국가는 안정되고 이로써 대국을 섬기고 살아남을 수 있었다. 위협이 없으면 교만해지고, 교만해지면 어지러움이 생기며, 어지러우면 반드시 멸망하므로 나라가 망하게 되었다. 凡諸侯小國, 晉楚所以兵威之. 畏而上下慈和, 慈和而後能安靖其國家, 以事大國, 所以存也. 無威則驕, 驕則亂生, 亂生必滅, 所以亡也"

그의 관점은 소국이 매 번 제멋대로 행할 때마다 진나라나 초나라 같은 대국의 위협을 가해줘야지 소국이 두려움을 가지고 복종하며 재앙과 난리가 생기지 않는다는 것이다. 이 말은 완전히 틀린 말은 아니지만 어떻게 봐도 강대국 편향의 사고라는 느낌을 지울 수 없다.

그와 비교해 볼 때, 맹자는 그보다 훨씬 뛰어난 덕성을 가지고 있었다. 그는 제齊나라 선왕宣王이 "이웃나라와 외교를 할 때 어떤 도리가 있습니까?"라고 묻자 이런 명확한 답을 제시했다. "오직 어진 이만이 대국의 지위로서 소국을 섬길 수 있습니다. 그러므로 상나라 탕왕湯王이 갈국葛國을 섬겼으며, 문왕文王이 혼이混夷를 섬겼습니다. 오직 지혜로운 자만이 소국의 지위로서 대국을 섬길 수 있습니다. 그러므로 주 태왕太王이 훈족獯鬻을 섬겼으며 월나라 구천句踐이 오나라를 섬길 수 있었습니다. 대국의 지위로서 소국을 섬기는 자는 하늘의 명을 듣기 기뻐하는 사람입니다. 소국의 지위에서 대국을 섬기는 자는 하늘의 뜻을 경외하는 자입니다. 하늘의 명을 듣기 기뻐하는 자는 천하를 평정할 수 있으며 하늘의 뜻을 경외하는 자는 자신의 국가를 보전할 수 있습니다. 惟仁者爲能以大事小, 是故湯事葛, 文王事昆夷. 惟智者爲能以小事大, 故太王整事獯鬻, 勾踐事吳. 以大事小者, 樂天者也; 以小事大者, 畏天者也. 樂天者保天下, 畏天者保其國《孟子》양혜왕하梁惠王下)"

즉, 위정자는 어진 정치를 펼쳐야 하며, 천하를 휘어잡고자 하는 술수가 없어야 한다. 소국과 대국은 비록 각각의 하늘을 머리에 이고 있지만, 고개를 들면 동일한 하늘이 굽어보고 있으며 이 하늘은 끝을 알 수 없는 초월적인 존재다. 대국은 특히나 이런 뜻을 깨닫고 인의를 행해야 한다. 따라서 대국으로서 소국을 섬기는 것은 고상한 태도요, 하늘의 뜻을 기뻐하는 것이기에 천하를 평정할 수 있다. 반면 소국으로서 대국을 섬기는 것은 경외함이 무엇인지 아는 것이며, 하늘의 뜻을 경외하는 것이기에 그 나라를 보전할 수 있다. 맹자의 목적은 대국과 소국이 서로 인의 아래서 평화롭게 살아가도록 하는데 있다. 따라서 그의 말 속에는 권력자에 빌붙어 아부하려는 뜻은 손톱만큼도 찾아볼 수 없다.

노자의 입장은 두 철학자들의 입장과는 또 다르다. 그는 국가는 크든 작든 간에 외교 과정 중에 '겸손'을 실천할 수 있는 것이 가장 중요하다고 여겼다. 그중에서도 대국이 더욱 그렇다고 여겼다. 이 말을 할 당시 그가 선택한 가치관은 도덕주의가 아니었다. 그의 생각은 일종의 현실정치에서 출발했다고 할 수 있다. 같은 장에서 그는 이렇게 말했다. "강대국이 만일 겸비하고 낮은 지위에 처할 수 있다면 천하의 가장 부드럽고 자애로운 위치에 처하므로, 천하를 얻을 수 있다. 여성성이 항상 남성성을 제압하는 이유는 평정함과 온화함으로 겸비에 처할 수 있기 때문이다. 大邦者下流, 天下之牝, 天下之交也. 牝常以靜勝牡, 以靜爲下"라고 말하고 있다. 즉, 대국은 강과 하천의 하류, 혹은 천하의 모든 여성성이 깃든 모성의 문과 같으며, 만물이 운집하는 장소가 된다. 여성성은 항상 평정함으로 남성성의 강함을 제압하는 데 그 이유는 겸손하기 때문이다. 그는 아주 분명하게 말하길, 대국의 위치를 보전하려면 소국을 우호적으로 대해야 하며, 이렇게 할 때만이 소국도 진심으로 대국에 귀순하여 복종하게 된다고 한다. 물론 소국도 열강의 섬김 가운데서 생존의 길을 구하려면, 더욱 부드럽고 겸손한 태도를 유지하며 경망한 도발을 삼가야 한다. 이 말은 실제 현실상황에 매우 부합한 이야기다.

그렇기에 《노자》 이 책이 어떤 이에게는 병서兵書로 인식되고, 도교에서는 진경眞經으로 받들어지는 것이다. 그러나 이 책을 정말 봐야 할 사람은 제왕이며, 자신이 가진 재능을 팔아 제왕을 가르칠 지식인들이다.

故大邦以下小邦, 則取小邦; 小邦以下大邦, 則取大邦.
故或下以取, 或下而取. 大邦不過欲兼畜人, 小邦不過欲入
事人. 夫兩者各得所欲, 大者宜爲下. (61章)

≼ 주 석 ≽

• 邦　금본에는 '국國'으로 적고 있다. 여기서는 백서 갑본에 의거해 정정
　했다.
• 下　겸손하다
• 取　'취聚'와 통한다.
• 兼畜　겸병하고 부양하다
• 入事　가까이 다가가 섬기다

≼ 해 석 ≽

대국은 소국에 겸손한 태도를 가져야 소국을 모을 수 있으며, 소국은 대국
에 겸손한 태도를 가져야 대국의 포용을 얻을 수 있다. 때로는 겸손으로 나
라를 모으고, 때로는 겸손으로 관용을 얻는다.

대국은 소국을 모아 부양하는 것에 불과하며, 소국은 대국의 관용을 얻으
려는 것에 불과하다. 이렇게 하면 대국과 소국은 모두 자신의 뜻을 달성하
게 된다. 더욱이나 대국은 겸손한 것이 좋다. (61장)

백성을 억압하지 말라

백성이 목숨을 가벼이 여기는 것은
통치자들이 과분하게 잘 살려고 하기 때문이다.

民之輕死, 以其上求生之厚

중국은 예로부터 관료주의 사상과 민초사상이 발달했다. 혼탁한 역사 속에서 특별히 민본사상은 인본주의의 밝은 빛을 밝혀주는 등불 역할을 해왔다. 선진 제자백가 가운데 수많은 이가 이 뜻을 언급했으며, 백성에 대한 성실한 관심을 표현했다. 그중에서 노자의 논리는 어떤 논리보다 엄중하며, 거대한 힘이 느껴지기까지 한다. 엄중하기에 힘이 느껴지고, 힘이 있기에 더욱 엄중하게 여겨지는 것이다.

앞에서 살펴본 74장의 인용문 뒤편에 노자는 급히 한 마디를 덧붙인다. "만일 백성이 죽음을 두려워하지 않는다면 법규를 어기는 자들을 붙잡다가 죽이면 된다. 누가 감히 경거망동하겠는가? 若使民常畏死, 而爲奇者, 吾得執而殺之, 孰敢?" 하지만 지금 백성은 이미 춥고 가난한 생활이 극에 달해있어 더 이상 잃어버릴 것도 없고, 죽음마저도 더 이상 두렵지 않은 존재가 되었다. 그런데 위정자들은 왜 죽음으로 그들을 위협하려 하는가? 준엄한 질문의 말미에 그는 비난의 화살을 가혹한 형벌과 엄격한 법률, 복잡한 법문을 제정한 위정자에게 곧장 겨누며 쇠약하고 무력해진 심신과 심각한 고통을 표현하고 있다.

춘추전국시대에 왕명이 실행되지 않음에 따라, 열국이 내란을 겪고 제후들이 겸병을 시작한 상황은 사마천이 《사기》 태사공자서太史公自序에 기록한 바와 같다. "군주를 시해한 나라가 36국, 망한 나라가 52국, 제후가 도주해 사직을 보전할 수 없게 된 나라가 부지기수였다."

또 다른 면에서 통치자는 권위로써 백성을 유린하며 자신의 사욕만을 전혀 거리낌 없이 확장시켜 나갔다. 《좌전》 소공昭公 3년에는 제나라 경공景公에 대한 기록이 있는데, 이 역시 시대를 대표하는 한 예로 받아들여진다.

"징병과 세금은 한도가 없고 궁실은 날마다 법도가 변하며 음란한 쾌락은 거리낌이 없었다. 안으로는 첩을 총애해 시장을 휩쓸고 빼앗으며, 밖으로는 간신을 총애해 비열한 자에게 망령된 명을 내렸다. 사사로운 욕심은 자라고 커져 나라에 바치지 않으면 바로 응징했다. 백성은 병으로 울고 부부는 서로를 저주했다."

이런 불합리로 인해 전체 사회는 심각하게 양분 되어갔다. 부자는 셀 수 없이 많은 논밭을 가진 반면, 가난한 자는 발붙이고 살아갈 땅 조차 잃게 되었다. 따라서 노자는 "백성이 기근에 처하는 것은 통치자의 세금이 너무 과중하기 때문에 기근이 생기는 것이다. 백성을 다스리기 어려운 것은 통치자가 하려는 것만 하기 때문에 다스리기 어려운 것이다. 백성이 쉽게 목숨을 버리는 것은 통치자들이 과분하게 잘 살려고 하기 때문이다"라고 말한다. 백성들이 기아에 처하는 이유는 통치자가 세금을 전부 가로채기 때문이며 백성들을 다스리기 어려운 이유는 통치자가 터무니없는 일을 벌이기 좋아하기 때문이다. 백성이 자기 목숨을 초개와 같이 여기는 이유는 통치자가 향락과 재물을 구하는 욕심이 너무 크기 때문이다.

이때, 백성의 반발을 방지하고 자신의 이익을 보호하기 위해 각국의 통치자들이 만들어낸 것이 바로 일련의 법률체계인데, 이로는 형서刑書, 형정刑鼎과 《법경法經》 등을 들 수 있다. 이 성문법 체계는 백성들이 마땅히 누려야할 권리를 크게 박탈해갔다. 이것이 바로 "천하의 금령이 많을수록 백성은 더욱 빈곤해진다. 天下多忌諱, 而民彌貧(57장)"라는 말로, 노예와 하층민이 인간 이하의 삶을 참지 못해 집단으로 도주를 하거나 봉기를 일으켜 반란을 기도하는 일이 셀 수 없이 많아졌다. 중국 역사상 '도적'에 의한 환난은 부지기수로 발생했다. 노자는 주 왕실의 수장사守藏史[장서를 관리하는 사관, 오늘날의 도서관장]로서 왕조의 문서들을 관리했기에 상고사회의 평안함과 현 사회에서 발생하는 변화에 대해 자연히 손금 보듯 소상하게 알고 있었다. 그래서 그는 이런 질문으로 요해를 찔러댄 것이다.

뿐만 아니라 그는 아주 깨어있는 발언을 했다. "백성이 권위를 두려워하지 않으면 큰 위기가 도래하게 된다. 民不畏威, 則大威至(72장)" 백성이 통치자의 권위를 함부로 여기기 시작할 때 나라의 혼란이 시작된다. 이는 현실을 날카롭게 비판한 경고라고 할 수 있다. 그때는 도척이란 자가 있어 이미 민중을 이끌고 반란을 꾀한 적이 있었다. 《장자》 도척편의 기록을 살펴보면 한때 그의 세력은 "병졸이 9천으로 천하를 횡행하며 제후의 무덤에 침입해 시체를 파내고 사람을 말과 소처럼 부리며 부녀를 취하고…… 그가 지나간 곳이면 큰 나라는 성이 함락되고 작은 나라는 점령되니, 만민이 그로 괴로움을 당했다."고 하는데, 노자가 말한 큰 위기란 바로 이런 난리가 아니었을까?

그때 공자도 도척의 형이자 당대의 명사였던 류하계柳下季와 친구였던 까닭에, 도척을 만나 그에게 바른 길을 따라 살도록 특별히 권고한 적이 있었다. 공자는 먼저 그가 당대에 걸출한 인물이라고 칭찬한 후, 군대를 해산하고 도적질을 그만두도록 설득했다. 그러자 대노한 도척은 공자를 '어리석고 천박한 보통사람'이라고 칭하며 "당신이 나를 바보로 아는가?"라고 반문했다. 그가 아주 침착하게 밝힌 자신의 도리는 이런 것이다.

"사람의 인지상정이란 것이 눈은 아름다운 것을 보고 싶어 하고 귀는 좋은 소리를 듣기 원하며 입은 미각을 분별하고 뜻과 기상은 가득해지는 것이요. 사람이 크게 장수하면 100세, 평범하게 장수하면 80세, 그럭저럭 장수하면 60세이거늘…… 그 뜻을 말하지 못하고 자신의 목숨도 제대로 부지 못하는 사람은 도에 통달한 사람이라고 할 수 없소."

사람은 한평생 살아가며 모두 자기 욕구를 만족시키고 싶어 한다. 그중에는 배불리 먹고 좋은 소리와 아름다운 색을 보며 장수하는 육체적인 추구 외에도 뜻과 기상을 펼치고 큰 포부를 품는 정신적인 추구가 있다는 것이다. 만일 이 점을 인정하지 않는다면 도에 통달한 사람이라고 할 수 없다. 백성도 백성 나름의 욕망이 있기에 그들의 욕망이 과도하게 짓밟힐 경우, 난리가 일어나게 된다. 난리가 일어나지 않으면 그것이 더 이상한 일이라 할 것이다. 하지만 현실에서 이 말을 가슴에 명심하는 통치자는 극소수에 불과하다. 이해를 못하는 것이 아니라 들으려 하지 않는 것이다.

民不畏死, 奈何以死懼之?
民之輕死, 以其上求生之厚, 是以輕死. (75章)

【주석】

• 奈何　왜?
• 輕死　'죽음을 두려워하지 않는다. 목숨을 아까워하지 않는다'라고 해
　　　석된다. 절망이 극에 달하면 목숨을 함부로 여기고 자살이나 봉기하
　　　는 일을 가리킨다.

【해석】

백성은 죽기를 두려워하지 않는다. 그런데 왜 죽음으로 위협하려는가?
백성들이 쉽게 목숨을 버리는 것은 통치자들이 잘 살려고 하기 때문에 쉽
게 목숨을 버리는 것이다. (75장)

❧ 유토피아 ❧

비록 갑옷과 군대가 있지만 사용할 기회가 없다.

雖有甲兵, 無所陳之

인류 문명 발전사에 있어서 시대가 어둡고 답답하거나 이성과 온정이 비교적 부족하다는 느낌이 들면 사람들은 유토피아를 소망했다. 나라가 작고 인구가 적은 '소국과민小國寡民'은 바로 노자가 당대 사회의 발전상황에 기초하여 사람들에게 설계한 이상국가다.

노자는 문제 많은 현실에 대응한 유토피아를 구상하며 자신의 모든 열정을 쏟아 붓다시피 했다. 그러므로 그의 시적인 감성이 넘치는 묘사 속에서 우리는 개성적인 특성이 확연히 드러나는 그의 도덕수양의 경지를 엿볼 수 있다. 예를 들어 노자는 기본적으로 반전주의자였기에 전쟁의 위협을 들먹이지 않았고, 무위를 주장했기에 잔혹한 형벌도 주장하지 않았다. 또한 군왕의 욕심을 반대했기에 교만하고 횡포를 일삼는 군왕도 등장시키지 않았다. 그는 지혜와 경쟁을 반대하고 겸손을 주장했기에 속임수를 쓰는 백성도 없다. 그 외에도 원래 살던 곳에 익숙하여 쉽게 떠나려 하지 않는 습성, 생명을 즐거워하며 죽음을 중요시하는 기원까지 이 장의 짧은 구절 속에서 모두 찾을 수 있다. 그러므로 유토피아에 관한 이런 묘사를 통해 우리는 이상국의 정수를 더욱 진실하게 이해할 수 있을 뿐 아니라 이런 사상적인 가이드 맵에 친숙해 질 수 있다.

혹자는 노자가 원시사회로 되돌아가도록 권장했다고 생각한다. 사실 이런 견해는 이미 수많은 연구자들을 통해 노자에 관한 오해요, 잘못된 견해로 밝혀졌다. 이런 오해는 이미 몇 번째인지 통계를 낼 수 없을 정도로 수없이 되풀이 되어왔다. 다만 이 이상국에는 배와 수레도 있고 갑옷과 병사도 있지만 사람들은 자신이 먹는 음식을 진미로 여기고 자신이 입는 옷을 아름다운 복장으로 여긴다는 뜻이지, 간신히 먹고 살면서 옷으로 겨우 몸만 가린다는 뜻이 아니라는 유추를 통해 이 나라가 원시사회와는 관계가 없는 나라임을 알 수 있다. 노자는 역사를 잘 알고 있었던 문명인이었다. 그는 망망한 시대의 최신조류가 어디로 흐를 것인지도 잘 알고 있었다. 시대의 조류는 옛 시대로 거슬러 흐를 것인가? 당연히 아니다.

그가 설계한 이상국가에도 갑옷과 병사는 필요했다. 물론 이 나라에는 갑옷과 병사로 대표되는 국가의 기계도 필요했다. 이 대목은 한 나라의 상하가 화목할 때 기본적으로 무기를 쓸 일이 없다는 것을 이야기한 것뿐이다. 문자 역시 마찬가지다. 노자는 문자를 취소해야 한다고 한 것이 아니라 국가가 평안하고 별 문제가 없을 때는 사람들이 평안 무사해 지극히 간단한 일에 종사하고, 각자 다 알고 있는 말을 하게 된다는 뜻이다. 그러므로 자연히 많은 말이나 아름다운 말을 포함한 복잡한 언어가 필요 없어진다. 물론, 그렇다면 이 말이 믿을 만한 아름다운 말인지 아니면 기교를 잔뜩 부린 아름다운 말인지 신경을 곤두세워가며 구별을 할 시간도 절약할 수 있다. 그래서 노자는 사람들에게 이런 구별을 가르치기 위해 자신이 이미 너무 많은 말을 했다는 생각에, 끈을 묶어 사실을 기록하는 시대로 돌아간다고 말한 것뿐이다. 이 부분은 노자의 낭만적인 시적 감수성이 표현된 것이라고 해야 할 것이다.

중국 고대사회는 오래전부터 이미 원시 협력형 농촌 자연경제가 형성되어 있었고 이후에는 소농업과 가내수공업이 결합된 지주경제로 발전했다. 역사적으로 씨족사회는 해체가 불완전했기에, 전체 사회의 종법의식은 아직 대규모 보존되어 있었고, 가족제도도 매우 발달해 있었다. 더군다나 당시는 노동력과 토지가 자연적으로 결합한 생산방식을 사용하고 있었으므로, 이에 기초해 건립된 사회는 분명 외부와 연결이 느슨하거나 심지어 완전히 격리된 지역화 소사회였을 것이다. 이런 소사회는 실제 생산 활동 시 원재료와 생산과정 간의 거리를 두기가 매우 한계적이었으며 심지어 원재료와 2차 생산물은 동일한 형태를 띠고 있었을 것이다. 이 때문에 국민은 토지와 끈끈한 유대관계를 맺으며 살아야 했다. 노자는 이를 '최고 다스림의 극치'라고 했는데, 이에 대해서는 이해를 정확히 해야 한다. 우리가 이해해야 할 것은 이 이상국가는 노자가 실제로 실현하려고 했던 실존하는 사회 혹은 국가가 아니라 그가 희망하던 일종의 이상향 혹은 최고의 경지라는 점이다.

이런 이상향과 최고의 경지에 대한 동경은《노자》5천 자 속에서 면면히 흐르고 있다.

이런 경지는 후세인들에 의해 '무릉도원'이라는 주제로 계승되었다. 왕유王維도 '도원행桃源行'에서 이렇게 읊었다.

협곡 속에 인간세상이 있을 줄 누가 알았으랴.
세상에서 아득히 바라보면 구름만 덮인 산이로다.
선경仙境은 만나기 어렵다는 생각은 하지 못하고,
속세의 마음 끊지 못하고 고향 고을을 그리워한다.
峽裏誰知有人事
世中遙望空雲山
不疑靈境難聞見
塵心未盡思鄉縣

이 세상에 인간이 평안하게 거할 국가가 있을까? 이 세상 어디에 낭만적인 시 같이 아름다운 고장이 있을까? 현실을 중시하는 중국인들은 그런 세상은 무릉도원 속이 아니라 이 세상에 있다고 믿고 있다.

小國寡民. 使有什伯人之器而不用; 使民重死而不遠徙. 雖有舟
輿, 無所乘之, 雖有甲兵, 無所陳之. 使民復結繩而用之.
甘其食, 美其服, 安其君, 樂其俗. 隣國相望, 鷄犬之聲相聞,
民至老死, 不相往來. (80章)

【주석】

- 什伯人之器　열배 백배의 인공의 기계. 왕필본 및 여러 저작에서는 '什
    伯之器'로 표기하고 있으며, 엄준嚴遵본, 하상공본에서는 '什伯人之器'
    로, 백서 갑, 을본도 같이 표기하고 있어, 이를 좇았다.
- 什　열 배
- 伯　백 배
- 不遠徙　백서본에서는 '원사遠徙'로 적고 있다. 뜻은 '멀리 피한다'라고
    해석할 수 있어, 금본과 뜻이 통하므로 수정하지 않았다.
- 民　왕필본에서는 '인人'으로 적고 있다. 백서 을본, 박혁본, 경용본, 하
    상공본 및 기타 고본에서는 모두 '民'으로 적고 있다.

【해석】

나라는 작고 인구는 적다. 인공적인 기계가 열 배, 백 배나 많을지라도 사
용하지 않으며 백성들은 죽음을 경외하고 멀리 옮겨가지 않도록 한다. 비
록 배와 수레가 있지만 탈 필요가 없다. 비록 갑옷과 군대가 있지만 사용할
기회가 없다. 백성들은 끈을 묶어 기록하는 고대의 생활로 돌아간다.
자신이 먹는 음식을 진미로 여기고 자신이 입는 옷을 아름다운 복장으로
여기며, 자신이 사는 곳에 편안히 거하고, 자신의 풍속을 미풍양속으로 여
긴다. 이웃국가 간에는 서로를 마주보며 닭 우는 소리, 개 짖는 소리까지
들을 수 있지만, 백성은 늙어죽을 때까지 서로 왕래하지 않는다. (80장)

남에게 주는 자가 행복하다

타인에게 주어야 더욱 많아진다.

旣以與人己愈多

선을 행하기 기뻐하고 베풀기를 좋아하는 미덕은 동서양 여러 민족문화와 다른 피부색을 가진 사람들 마음속에 모두 존재한다. 사람들은 왜 이런 일을 하기 좋아하는 걸까? 덕행과 숭고함에 대한 신봉의 표시인가? 다른 사람이 이렇게 하는 것을 보고 자신도 따라 하면 그들과 같은 사회의 존경을 받을 수 있다고 생각하기 때문일까? 모두 아니다. 적어도 그것이 전부는 아니다. 가장 지극한 경지에 속하는 도덕은 자신을 배제하지 않는다. 그와 반대로 도덕은 다른 사람을 이루고 나를 이룬다. 다른 사람을 이루려는 목적은 바로 나를 이루려는데 있다. 노자가 위에서 말한 주장이 바로 그 좋은 예가 된다.

물론 이 말은 주로 통치자를 대상으로 한 말이다. 통치자는 '개인의 것'을 쌓아두지 않아야 한다라고 말한 것은 통치자가 "선한 일을 하더라도 경쟁을 하지 않는 爲而不爭" 삶을 실천하기를 소망한 것이다. 즉 천하에 선을 베풀더라도 천하와 함께 이익을 다투지 않기를 바란다는 뜻이다. 만일 성인의 '쌓기'에 대해 이야기한다면 성인은 당연히 '덕 쌓기'에 힘써야 한다. "일찍부터 준비하면 깊고 큰 덕을 쌓을 수 있다. 깊고 큰 덕을 쌓으면 승리하지 못하는 것이 없으며, 승리하지 못하는 것이 없으면 그 힘은 한량없이 커진다. 早服謂之重積德. 重積德則無不克. 無不克則莫知其極(59장)"라는 말이 바로 그런 말이다. 가난한 사람이라면 배불리 먹기조차 힘들었기 때문에 이런 요구는 들먹이지도 않았다.

그의 말을 통해 우리는 아주 자연스럽게 현대사회를 연상해볼 수 있다. 현재, 부유해지고 있는 현대인들 역시 부유해진 후에 어떻게 재산을 관리할지 연구하기 시작했다. 노자의 교훈을 읽은 후, 우리들은 이 문제가 적어도 하루 세끼나 해결할 수 있기를 구하는 소시민에 관한 문제가 아니며, 또 글을 써서 입에 풀칠하는 지식인들의 문제도 아니라는 것을 똑바로 직시하고, 또 느낄 수 있을 것이다.

혹자는 상공업계의 대기업가나 재계의 명사가 수년 동안 정말 혼신의 힘을 다해 경영을 해서 모은 돈을 국세청과 장인장모에게 상납하는 외에도 자기 노후에 병원비와 요양비로 사용해야 하는데, "그럼, 그런 사람들이 모범을 보여 재산을 전부 사회에 헌납해야 속이 후련하다는 말씀입니까?"라고 반문하겠지만, 사실 그건 아주 심각한 오해다. 노자의 교훈에 이어서 우리가 말하고 싶은 것은, 전술한 이런 성공인사들은 정신적인 만족과 도덕성 향상을 가장 먼저 누릴 수 있는 축복받은 부류라는 것이다. 이 말은 농담이 아니고, 또 그들의 재산이 탐나서 하는 말도 아니다. 우리가 탐내고 부러워하는 것은 그들이 우리보다 한 발 앞서, 받는 자보다 즐겁다는 베푸는 자의 행복을 맛보게 되었다는 점이다. 이는 얼마나 얻기 어려운 행복인가?

시장 경제가 완전히 발전하지 않은 탓에 수많은 재화가 이 세상에 탄생할 때부터 태생의 한계를 가지고 있었다는 점에 대해서는 차치하기로 하자. 다시 말해 이런 현상은 전 세계에서 아주 보편적으로 존재하기 때문이다. 만일 성공인사가 사회에 대해 감사와 감격을 가지고 자기 잇속만 챙기는 세태에 물들지 않는다면 그는 사회 문제를 진정으로 해결할 수 있는 방법에 대해 진실하게 생각하게 될 것이다. 결론적으로 우리는 부 자체에 대해서는 싫어하지 않는다. 중국인들은 "지식인은 안정된 재산이 있어야만 마음이 안정된다."라고 말하고, 서양인들은 "자산은 문명의 기초"라고 한 것만 봐도 그 사실을 알 수 있다. 그러나 우리가 부에 대해 혐오감이 생기는 이유는 부를 다루는 인간들의 갖가지 불합리한 처리방식에 신물이 났기 때문이다. 따라서 우리는 R. H. 토니Tawney가 《탐욕스러운 사회Acquisitive Society》에서 지적한 것과 동일한 결론을 도출할 수 있다. 즉, 이 세상에는 "대량의 장물들이 재산으로 변하고 있다"지만, 재산이 있다면 필연적으로 워렌 버핏Warren Edward Buffett이나 빌 게이츠William H. Gates 등 양식 있는 거부들과 같이 이 세상을 위한 공헌도 세울 수 있다는 것이다. 그들의 대범함이나 사랑을 존경해 마지않는 동시에, 우리는 그들이 우리보다 먼저 이렇게 크고 좋은 행복을 체험했다는 것에 마음속으로부터 강렬한 부러움을 표시하지 않을 수 없다.

다시 장자를 살펴보면 그 역시 '자신을 위해 쌓지 않는다'는 주제에 대해 언급한 적이 있음을 알 수 있다. 《장자》 천하편에서 장자는 말한다. "본질을 정미한 것이요, 외연의 물질을 거친 것이다. 자신을 위해 쌓는 것을 결점이요 화근으로 보면 내면은 그렇게 담담하고 거리낌이 없으니 신과 같이 생활하는 것 같다. 옛 도의 중점은 여기에 있다. *以本爲精, 以物爲粗, 以有積爲不足, 澹然獨與神明居, 古之道術有在於是者*" "사람들은 모두 재물을 구하지만, 나는 이상을 추구하고 재물을 쌓지 않고 자신의 본분에 만족한다. 그러므로 정신적인 여유를 느끼게 된다. *人皆取實, 己獨取虛, 無藏也, 故有餘*" 장자는 정미한 큰 도에 비해 물질은 거친 것이라고 생각했다. 쓸모없음의 정미함에 비한다면 쓸모 있음은 거친 것이기 때문이다.

탐욕으로 쌓아두면 마음은 항상 부족하고, 내실을 얻기 위해 재물을 구하면 쉽게 탐심이 생기며 신도 매장시켜 버린다. 결국에는 진정 재물을 얻을 수 있을지도 불확실해 진다. 오직 자신의 분수를 깨닫고 욕심을 그치며 재물을 쌓지 않는 삶에 자족하면, 자기를 위해 쌓은 것이 없어도 여유를 느낄 수 있다. 장자는 도가 학설을 가장 효과적으로 계승하고 발전시킨 사람이다. 그는 자

유쾌한 노자, 현대인과 소통하다

신의 이해를 통해 노자의 사상을 다른 각도에서 보충해 주었다. 만일 그의 이런 표현이 사회에 재산을 기부한 서구의 기업가들을 잘 설명해준다고 말할 수도 있다.

聖人不積, 旣以爲人己愈有, 旣以與人己愈多. (81章)

- 積   누적하다. 쌓아놓다
- 不積   텅 비었으며 쌓지 않다

【해석】

성인은 자기를 위해 쌓아두기 즐기지 않고 타인에게 베풀며 자신은 더욱
풍부해진다. 타인에게 주어야 더욱 많아진다. (81장)

경전이란 본래 생생하게 살아있는 생명의 체험이다. 그래서 몇천 년의 시간이 흘렀다 할지라도 오늘날의 삶에 여전히 훌륭한 의미를 전달해주는 것이다. 지식을 과시하려는 사람이 경전을 해석하면 종종 간단한 문제도 너무나 복잡하게 만들어 문외한들은 가까이 다가가기가 힘들고, 보통사람이라면 더욱 뒷걸음질 치도록 만들고 만다.

　이 고전 시리즈는 경전에 대한 새로운 접근법을 제시하고 있다. 고대중국의 대표적인 경전에서 가장 의미 있고 가장 현대인의 생활에 근접한 구절을 선정한 후 적용범위를 확대해 번잡하고 할일 많은 독자에게 꼭 필요하고 알맞은 다이제스트 판으로 제공하고 있다. 그러므로 본 시리즈는 독자들을 깊이 있는 사색의 세계로 초대할 뿐 아니라 정확한 인생길로의 지도를 돕고 있다.

　매 시리즈의 체제는 서로 조금씩 다르기 때문에 어떤 글은 한 구절씩 해석을 해놓았고 어떤 글은 엄선된 몇 구절로 한 주제를 이루어 이야기하는 반면, 어떤 구절은 본문의 해석 속에 '감춰져' 있는 경우도 있다.

　이 시리즈 총서는 비록 적지만 작가 군에는 학술계의 명사들이 운집해 있다. 경전에 대한 깊이 있는 연구로 특별한 인생의 깨달음을 얻게 된 그들은 독자들을 이끌어 역사를 넘나들며 선현들과 대화하고 이야기하고 충돌하게 될 것이며, 이는 분명 매우 유쾌한 정신적 여행이 될 것이라 믿어 의심치 않는다. 이 총서를 '경전읽기 시리즈'라고 부른 이유도 독자들이 이 작은 책을 통해 심신의 즐거움을 만끽할 수 있기를 바라기 때문이다. 독자 제현의 유쾌한 책읽기를 바란다.

도가의 시조 노자老子

생몰 연대를 알 수 없고 BC 6세기에 활동한 중국 제자백가 중 하나인 도가道家의 창시자이다.

성姓은 이李, 이름은 이耳, 자는 백양伯陽, 또는 담聃. 노군老君 또는 태상노군太上老君으로 신격화되었다. 도교 경전인 〈도덕경道德經〉의 저자로 알려져 있다. 하지만 현대 학자들은 〈도덕경〉이 한 사람에 의해 저술되었다고 믿지 않는다. 하지만 도교가 불교의 발전에 큰 영향을 미쳤다는 사실은 통설로 받아들여진다. 당唐나라에서는 황실의 조상으로 숭배되었다. 이렇게 그는 모든 계층에게 일반적인 존경의 대상이 되었다. 유생들에게는 존경받는 철학자였고, 평민들에게는 성현이나 신으로, 도교 추종자들에게는 도道의 화신이자 도교의 가장 위대한 신들 가운데 하나로 숭배되어 왔다.

노자의 생애

노자는 후세에 남긴 엄청난 영향에도 불구하고 신원이 별로 알려져 있지 않다. 그의 생애에 대한 주된 사료는 사마천司馬遷이 쓴 〈사기〉의 노자전老子傳이다. 그러나 BC 100년경에 〈사기〉를 저술한 사마천도 노자에 대한 확실한 정보는 제공하지 못했다. 〈사기〉에 따르면, 노자는 초楚나라 고현古縣 여향厲鄕 곡인리曲仁里(현재 허난성河南省 루이현鹿邑縣) 사람으로 주周(BC 1111경~255) 수장실守藏室의 사관史官이었다. 사관은 오늘날 '역사가'를 의미하지만, 고대 중국에서는 천문天文·점성占星·성전聖典을 전담하는 학자였다. 사마천은 노자의 벼슬에 대해 언급하고 난 뒤, 늙은 노자와 젊은 공자孔子와의 유명한 만남에 대해 말했다. 이 만남에 대해서는 학자들 사이에서도 많은 논란이 있어 왔다. 이 만남은 다른 문헌에서도 언급되어 있으나, 일관성이 없고 서로 모순되는 점이 많아 단지 전설에 불과하다는 설도 많다. 여하튼 노자와 공자가 만났을 때 노자는 공자의 오만과 개인적 야망을 질책했고, 공자는 그로부터 깊은 감명을 받아 그를 구름과 바람을 타고 하늘로 올라가는 용에 비유했다고 한다.

노자에 관한 의문점들

노자가 서쪽으로 간 사실과 〈도덕경〉을 저술한 점을 언급한 뒤에 사마천은 가끔 노자와 동일시되는 다른 인물들에 대해 말했다. '초楚에 노래자老萊子라는 사람이 있어서 책 15권을 저술하여 도가의 정신에 대해 서술한 바 있는데 공자와 같은 때의 사람이다.' '주나라의 태사太史이며 위대한 점성술가인 담儋이 진秦(BC 384~362)의 헌공獻公을 만났다는 기록이 있는데, 어떤 이는 그가 곧 노자라고 하고 어떤 이는 아니라고 한다.'

사마천은 또 이렇게 덧붙였다. '노자는 150년의 수명을 누렸다고 하는데 어떤 사람은 200년 이상 살았을 것이라고 한다.' 고대 중국인들은 초인超人의 장수를 믿었기 때문에 도교 신자들은 그들의 스승이 매우 오래 살았다고 생각했다. 그러나 이것은 훨씬 뒤에 생겨난 전통으로 여겨지는데, 그 근거로는 BC 4세기경에 활동했던 장자莊子가 노자의 죽음에 대해 얘기할 때 그가 아주 오래 살았다는 점을 강조하지 않았다는 것이다.

노자의 생애가 잘 알려져 있지 않은 이유로서 사마천은 그가 은둔자였음을 거론했다. 은둔자인 노자는 작위作爲함이 없이 저절로 교화되게 하고, 맑고 고요하게 있으면서 저절로 바르게 되는 것을 가르쳤다. 실제로 중국 역사상 속세를 떠난 은자는 늘 있어왔다. 〈도덕경〉의 저자(또는 저자들)는 생애의 흔적을 남기지 않은 이런 부류의 사람들이었을 것으로 추정된다.

노자가 역사적으로 실존했던 인물인가 하는 의문은 많은 학자들이 제기해온 것이지만, 그같은 의문은 별 의미가 없다. 현존하는 〈도덕경〉은 한 사람의 저작이 아님은 분명하다. 그 내용 가운데는 공자 시대의 것도 있지만 다른 내용은 훨씬 후대의 것임이 분명하므로, 이 책은 전체적으로 보아 BC 300년경에 쓰여졌을 것으로 추정된다. 이같은 사실 때문에 일부 학자들은 〈도덕경〉의 저자가 태사 담이라고 주장한다. 다른 학자들은 〈사기〉에 나오는 노자의 후손들에 대한 기술이 신빙성이 있다고 보고 노자의 생애가 BC 4세기말이었을 것으로 추정한다. 그러나 노자의 가계家系는 역사적 사실이라고 간주될 수 없다. 그것은 단지 사마천이 살았던 시대에 이李라는 가문이 스스로 도교의 성현인 노자의 후예라고 주장했다는 사실이 있었음을 증명해줄 뿐이다. 이러한 사실은 노자가 실제로 존재했는가를 조사하는 출발점이 될 수 없다. 노자라는 이름은 어떤 개인보다 특정형태의 성인집단을 가리키는 것으로 여겨진다.

도가 사상

도가의 모든 이론은 노자에 의해 근거가 세워졌다. 〈도덕경〉을 통해 볼 때, 노장사상의 핵심은 '무위자연無爲自然'에 있으며, 그것이 도道라는 개념으로 집약된다. 여기서 무위는 우주론적 정향을 지향하는 것, 즉 부자연스런 행위를 조금도 하지 않는 것을 의미한다. 무위자연의 구체적인 의미를 말한다면 '사실 자체의 바탕 위에서 떠나지 말라'는 것이다. 사실 자체란 다름이 아니라 노자에게 있어서는 자연이요, 도道요, 기氣요, 변화이다. 그리고 무위란 그 바탕 위에 서서 떠나지 않음을 의미한다.

유쾌한 노자, 현대인과 소통하다

초楚나라사람으로 주왕周王을 섬겼으나 주의 멸망을 예견하고 주나라를 떠날 때 진秦으로 들어가는 길목인 함곡관函谷關의 관령 윤희尹喜의 간청으로 쓰게 된 약 5천자로 이루어진 노자의 책이다. 그러고 나서 노자는 그곳을 홀연히 떠났고, "그 후 그가 어떻게 되었는지 아무도 알지 못한다."라고 사마천은 기술했다.

《노자》 또는 《노자도덕경》이라고도 부른다. 《도덕경》은 도경이라는 상편 37장과 덕경이라는 하편 44장으로 이루어져 있는데 도가철학의 시조인 노자가 지었다고 하지만 한 사람이 쓴 것이라고는 볼 수 없고, 여러 차례에 걸쳐 편집된 흔적이 있는 것으로 보아 오랜 기간동안 자연주의적 경향을 가진 사상가들이 주장한 것을 모아 기원전 3~4세기 무렵에 집대성한 것으로 보여진다.

《도덕경》은 원래 상/하로만 나뉘어져 있다가 장구지학章句之學이 성행하였던 한대漢代에 들어와서 장/절로 나뉘었다고 보이며, 상당 부분이 집록集錄의 형태를 취하고 있음에도 불구하고 그 기본사상은 무위자연無爲自然에 대한 내용으로 일관되어 있음. 이 무위자연의 사상은 모든 거짓됨과 인위적인 것에서 벗어나려는 사상으로 유가儒家, 묵가墨家, 법가法家 등의 인간 중심적 사상과 다른, 독특한 인생과 처세술이 포함되어 있다.

따라서 《도덕경》의 사상은 인간이 가진 인위적 능력을 믿지 않고 자연이 가진 힘에 따르고자 하는데 있다. 《도덕경》에서 추구하는 중심 사상은 도道인데, 도란 만물을 있게 하는 근원이고 시공時空을 넘어선 불변의 존재이다. 그리고 이러한 도를 체득한 이를 성인聖人이라 하고, 무욕無慾·과욕寡慾·지족안분知足安分을 통해 체득할 수 있다고 했다. 이후《도덕경》은 도가집단의 경전 뿐 아니라 일반 지식인들의 진리탐구 대상이자 정신수양서의 기능도 하였다.

도덕경의 판본

《도덕경》의 판본은 여러 개가 있는데 그중 대표적인 것으로는 한 문제漢文帝(BC180~BC157) 때 하상공河上公(전설적인 인물로 '황하 가에 사는 사람'이라는 의미로 하상공河上公이라 불림)이 주석한 하상공 본과 위魏 나라 왕필王弼(226~249, 중국 역사상 최고 천재라는 학자. 하안何晏과 함께 위·진魏晉의 현학玄學의 시조. 의義와 이理의 분석적·사변적 학풍을 창설하여 중국 중세의 관념론체계에 영향을 끼침. 어린 나이에 노자를 해설한 책을 집필했음)이 주석한 왕필본으로 두 판본이 유명하다. 이 중 왕필본이 더 널리 인정받고 있다. 왕필본이 형이상학적 측면을 강조한 데 반해 하상공본은 양생법養生法 같은 실천적 성격이 강하다.

2000년대 전후 발견된 곽점촌 노자는 현재까지 발견된 노자 도덕경 중에서 가장 오래된 것으로 왕필본을 비롯한 여러 필본과 엄청난 차이를 보이고 있다.

우리나라에 끼친 영향

우리나라에서는 고구려 때 오두미교五斗米敎를 신봉하였고 당唐으

유쾌한 노자, 현대인과 소통하다

로부터 《도덕경》과 도사가 왔었다는 《삼국사기》의 기록으로 보아 《도덕경》이 일찍부터 전해져 상당한 영향을 받았음을 알 수 있다.

고려 때에는 예종이 청연각淸燕閣에서 한안인韓安仁에게 《도덕경》을 강론하도록 하였던 것으로 보아 《도덕경》에 대한 연구가 고려 시대에는 상당한 수준에 도달하였음을 알 수 있다. 조선 시대에 이르러서는 성리학이 절대시되었기 때문에 《도덕경》에 대한 공개적 연구는 크게 위축되었지만, 대유학자인 이율곡이 《순언醇言》이라는 주석서를 저술하는 등 개인적 차원에서의 연구는 지속되었다.

유쾌한 노자,
현대인과 소통하다

2011년 3월 25일 초판 1쇄 발행
2011년 4월 20일 초판 2쇄 발행

지은이 노자(老子)
해설 왕용하오(汪涌豪)
옮긴이 이성희
편집주간 이화승
교정 홍미경, 이혜림, 이준표
제작 서동욱, 이경진
영업기획 김관호, 이장호
영업관리 윤국진
디자인 이창욱
발행인 이원도
발행처 베이직북스
E-mail basicbooks@hanmail.net
주소 서울 마포구 동교동 165-8 LG팰리스 1508호
등록번호 제313-2007-241호
전화 02)2678-0455
팩스 02) 2678-0454
ISBN 978-89-93279-77-1 03150
값 13,000원